50 IDEAS PARA COMPRAR DE FORMA MÁS ECOLÓGICA

ACERCA DE LA AUTORA

Siân Berry ha sido la candidata a la alcaldía de Londres por el Partido Verde en las elecciones de 2008, así como la fundadora del grupo activista Alliance Against Urban 4x4s (Alianza contra los Todoterrenos en Zonas Urbanas).

Asimismo, es una firme defensora de las energías renovables y el consumo de productos locales.

Ingeniera de formación, ha desarrollado su trayectoria profesional en el campo de las comunicaciones, en especial en todo lo relacionado con la ecología, en concreto en todas aquellas medidas que los ciudadanos podemos adoptar desde ya mismo para mejorar las cosas, así como en las tareas que los gobiernos deben llevar a cabo para que todos podamos llevar de forma sencilla una vida más ecológica.

En su condición de reconocida figura del Partido Verde británico, Siân disfruta de una amplia cobertura en los periódicos nacionales e internacionales y ha participado en numerosos programas de radio y televisión. Su convincente defensa del medio ambiente ha dado pie a un apasionado debate público sobre el uso de los vehículos todoterreno y ha contribuido a que la protección del medio ambiente se haya convertido en un tema candente de la opinión pública británica.

50
IDEAS
PARA
COMPRAR
DE FORMA MÁS
ECOLÓGICA

BLUME   **SIÂN BERRY**

BLUME

Título original:
50 Ways to save Water & Energy

Traducción:
Clara Melús García

**Revisión y adaptación de la edición
en lengua española:**
Teresa Llobet Solé
Licenciada en Geografía e Historia
Diplomada en Medio Ambiente
Especialista en sistemas de información geográfica

**Coordinación de la edición
en lengua española:**
Cristina Rodríguez Fischer

Primera edición en lengua española 2009

© 2009 Naturart, S.A. Editado por BLUME
Av. Mare de Déu de Lorda, 20
08034 Barcelona
Tel. 93 205 40 00   Fax 93 205 14 41
e-mail: info@blume.net
© 2008 Kyle Cathie Limited, Londres
© 2008 del texto Siân Berry
© 2008 de las ilustraciones Aaron Blecha

I.S.B.N.: 978-84-8076-815-3

Impreso en Italia

CONSULTE EL CATÁLOGO DE PUBLICACIONES ON LINE
WWW.BLUME.NET

Impreso en papel 100 % reciclado

NO TENGAS NADA EN CASA
QUE NO CONSIDERES
ÚTIL O BELLO.

WILLIAM MORRIS

50 IDEAS...

Esta serie de libros describe una gran variedad de maneras de llevar una vida
más ecológica, con independencia del lugar donde nos encontremos: en casa, en
el jardín, en una tienda, en el trabajo e, incluso, cuando nos desplazamos. Cada libro
contiene cincuenta consejos sencillos, asequibles y creativos que te ayudarán a vivir
en este planeta de una forma más ecológica.

Hay muchas maneras de ser ecológico que no requieren una importante inversión
de dinero, tiempo, esfuerzo ni espacio. Por otro lado, ahorrar energía también
te ayuda a ahorrar dinero, ya que los productos que son respetuosos con
el medio ambiente no tienen por qué ser caros ni el último grito en tecnología.

Un jardín de cualquier tamaño —o incluso una de esas jardineras que se colocan en el
alféizar de una ventana— permite dar cobijo a una gran diversidad de vida animal, al tiempo
que proporciona unas cosechas tan sabrosas como fáciles de obtener y que además
permiten ahorrar dinero, ya que no necesitas adquirir frutas ni verduras de importación.
Y aquellos que vivimos en las ciudades deberíamos tener presente que la vida urbana
permite llevar algunos de los estilos de vida que emiten menos dióxido de carbono.

La serie titulada *50 ideas...* ha sido escrita por Siân Berry, candidata del
Partido Verde a la alcaldía de Londres en las elecciones de 2008 y fundadora
del destacado grupo activista Alliance Against Urban 4x4s. En los libros que
conforman dicha serie nos muestra de qué modo podemos reducir nuestras
emisiones de dióxido de carbono, estar a la última moda y disfrutar de la vida
sin necesidad de realizar grandes sacrificios:

«Ser ecológico no consiste en renunciar a todos los avances de nuestro tiempo, sino
en utilizar las cosas de manera inteligente y creativa con el fin de reducir nuestra
emisión de residuos. En estos libros, mi objetivo es mostrarte que todo el mundo
puede llevar una vida más ecológica sin necesidad de sufrir molestias.»

INTRODUCCIÓN

Todos tenemos que ir de compras: la comida es una necesidad diaria, la ropa
y el cuidado personal son fundamentales para nuestro bienestar, las viviendas tienen
que amueblarse, los niños necesitan todo tipo de comodidades, y celebrar ocasiones
especiales como la Navidad, los cumpleaños y las bodas implica a menudo alargar
más de lo normal la lista de la compra.

A medida que la protección del medio ambiente y los efectos del cambio climático
se convierten en una preocupación cada día mayor, empezamos a darnos cuenta
de que también debemos cambiar nuestros hábitos a la hora de ir de compras
si queremos que tengan éxito el resto de los esfuerzos por salvar el planeta,
como la reducción del consumo energético y de las distancias de desplazamiento.

El problema es que todo lo que compramos tiene un impacto sobre el medio
ambiente. Para fabricar, cultivar y transportar los productos, se utilizan combustibles
fósiles que provocan el cambio climático. Muchos productos se fabrican de acuerdo
con una serie de procesos muy contaminantes y, cuando después de su uso
desaparecen por el desagüe o se tiran en vertederos, siguen causando problemas.

Por todo ello, ir a la compra se ha convertido en un campo de minas para las
personas como yo, entusiastas de la ecología. ¿Qué puedo comprar que ahorre
recursos en lugar de destruir selvas tropicales o consumir grandes cantidades de
petróleo? ¿Qué es mejor, lo ecológico o lo local? ¿Por qué no tienen café de comercio
justo en mi supermercado? Y ¿por qué no consigo encontrar productos duraderos
que no se estropeen en cuanto vence la garantía?

Como miembro del Partido Verde, me esfuerzo por realizar grandes cambios
en la forma de funcionar de la sociedad. Mi objetivo es conseguir que las opciones
más ecológicas y éticas sean las más sencillas y baratas para todo el mundo.
No obstante, éste aún no es el caso, así que a menudo mis amigos, mis colegas

y las personas de la calle me piden consejo acerca de cuáles son las cosas que deberían comprar.

Descubrir el impacto de cada producto no resulta fácil. Las etiquetas no nos dicen mucho, las tiendas y los productores han tardado en proporcionarnos información acerca de lo que venden, y por la cantidad de campañas que nos piden que boicoteemos diversas empresas y productos parece que todo lo que encontramos en los estantes de los comercios causa graves problemas.

Sin embargo, existen varios principios básicos que pueden ayudarnos a la hora de buscar productos más ecológicos. Reparar, reutilizar y reciclar son las «tres R»[1] de la ecología, y sin duda al ir de compras debemos tenerlas muy presentes. Podemos comprar menos si adquirimos cosas que duren, de igual manera que si reparamos y reutilizamos lo que tenemos, y nos decantamos por productos reciclados, ecológicos o locales siempre que sea posible.

En estas páginas, encontrarás dichos principios aplicados a una amplia variedad de situaciones cotidianas. El resultado son cincuenta de los mejores consejos que he hallado para comprar de una forma más ecológica, desde estupendas ideas para reducir la cantidad de cosas que necesitas adquirir hasta una amplia variedad de productos alternativos que te ayudarán a reducir tu impacto en el medio ambiente sin gastarte una fortuna.

1. Según numerosas fuentes de información, las «tres R» son reducir, reutilizar y reciclar, aunque algunas añaden reparar como cuarta R.

Muchas de las ideas incluyen formas de ahorrar tiempo y dinero al reducir las necesidades a la hora de comprar, pero también encontrarás numerosos consejos para encontrar productos de segunda mano y reciclados de calidad, así como artículos nuevos con un menor impacto en el planeta. Como a menudo tenemos que ir de compras con motivo de ocasiones especiales, como los cumpleaños, las bodas o la Navidad, también incluyo algunas ideas maravillosas de regalos alternativos que he ido recopilando durante los años, así como diversas maneras ecológicas de alimentar, lavar y vestir a los más pequeños de la familia.

Espero que los consejos incluidos en este libro arrojen algo de luz sobre el peliagudo asunto del consumo ético, y que te sirvan de estímulo para probar nuevas formas de comprar en el futuro inmediato.

PIENSA LOCALMENTE

Comprar localmente, o adquirir productos cultivados y fabricados en la zona donde uno vive, aporta numerosas ventajas ecológicas.

Debido a que los pequeños comercios de barrio van desapareciendo del mapa y cada vez gastamos más dinero en los grandes centros comerciales situados en las afueras no sólo estamos mucho tiempo yendo y viniendo de las tiendas, sino que además generamos grandes cantidades de dióxido de carbono. Frecuentar más los comercios locales nos ayuda a reducir el impacto en el medio ambiente que suponen los desplazamientos a los centros comerciales.

Sin embargo, no son sólo esos trayectos de ida y vuelta lo que aumenta las emisiones de dióxido de carbono: las distancias que deben recorrer muchos productos hasta llegar a los comercios también pueden ser enormes.

Se calcula que el contenido de una cesta de la compra típica ha recorrido más de 160.000 km hasta llegar a las estanterías del supermercado. Los trayectos que recorren los alimentos no se incluyen en las etiquetas, pero en las siguientes páginas te ofrecemos algunas formas sencillas de reducir las distancias que tienen que recorrer los alimentos hasta llegar a tu nevera.

FRECUENTA TIENDAS DEL BARRIO

Comprar en las tiendas de barrio tiene muchísimos efectos positivos, y no sólo ventajas ecológicas.

Los comercios locales y los mercados son fundamentales para la salud de nuestras comunidades. Disponer de una variedad atractiva de tiendas dentro del mismo barrio proporciona un lugar donde encontrarse y estar de charla, además de comprar lo necesario.

Como es más probable que sus propietarios vivan en la zona, el dinero gastado en sus tiendas también ayuda a fortalecer la economía local. Los estudios demuestran que el dinero gastado en comercios de proximidad circula por la zona tres veces antes de desaparecer en la economía general, mientras que la mayor parte de lo gastado en las grandes superficies de alimentación sale de la región casi de inmediato.

Las personas que no tienen coche suelen depender de la disponibilidad de una buena variedad de comercios locales. Los pensionistas y los padres necesitan farmacias y oficinas de correos, y no siempre pueden ir a los centros comerciales de las afueras.

Los pequeños comercios también consumen menos energía que los grandes almacenes con sus congeladores abiertos, sus luces brillantes encendidas día y noche, sus puertas abiertas con sistemas para impedir que entre el calor y sus potentes aires acondicionados en el interior. Por cada metro cuadrado de espacio comercial, una verdulería de barrio consume hasta tres veces menos energía que un supermercado.

Por otro lado, una de las ventajas fundamentales de apoyar a los comercios locales es que se reducen los trayectos en coche. Hoy en día, en el Reino Unido uno de cada diez desplazamientos en coche y el 5% de las distancias recorridas tienen como finalidad comprar comida. Así pues, ir paseando a las tiendas del barrio siempre que sea posible permite disminuir de forma muy considerable el tráfico y los gastos de gasolina, a la vez que estimula el aumento del ejercicio físico.

Si no puedes comprar todo lo que necesitas en las proximidades, comprar sólo algunos de los productos en las tiendas del barrio también ayuda a revitalizar la zona. ¿Por qué no empiezas por comprar algunos artículos convencionales en los comercios independientes y después les pides que vendan el resto de las cosas que necesitas? Es más probable que el propietario de un comercio local responda a las peticiones de sus clientes que el gerente de una cadena de supermercados.

2 COMPRA PRODUCTOS LOCALES

Las distancias recorridas por los productos no dejan de aumentar cada año que pasa. La agricultura y la alimentación son responsables de alrededor de un tercio de todas las mercancías transportadas en nuestras carreteras y, entre 1968 y 1998, el comercio alimentario entre países aumentó casi el doble de rápido que la población mundial.

Hoy en día, el 85 % de las flores que se venden en el Reino Unido son importadas. En España la importación no es tan elevada y se sitúa alrededor del 60 %. Las verduras que se cultivan en una zona a menudo son transportadas cientos de kilómetros hasta un almacén central donde son envasadas antes de enviarlas a comercios de todo el país y del extranjero.

Las diferencias en el coste de la mano de obra también tienen un papel fundamental. En ocasiones, las mercancías se transportan a países lejanos para ser envasadas en fábricas con salarios más bajos si el coste del transporte es menor que el ahorro conseguido de este modo.

Otro problema es la forma en que se nos anima a comprar el mismo tipo de productos durante todo el año, una práctica ésta que requiere de largos trayectos por aire para disfrutar de frutas y verduras cultivadas durante una estación distinta en la otra punta del mundo.

Aunque en la mayor parte de los productos se indica el país de origen, la distancia total recorrida no es fácil de calcular cuando tienes prisa por comprar algo para la cena. Sin embargo, seguir estos sencillos consejos debería ayudarnos a reducir el número de los artículos trotamundos dentro de nuestra cesta de la compra.

• Come alimentos de temporada. En verano y en otoño, asegúrate de tomar mucha fruta de la zona, y ¿por qué no utilizarla también para preparar mermelada de cara al invierno?

• Utiliza proveedores locales, como los que envían productos ecológicos a domicilio, así como las cooperativas. Siempre tendrán las mercancías más frescas y de temporada.

• Decántate por productos importados que es probable que hayan llegado en barco, no en avión. Las frutas silvestres y las verduras para ensalada a menudo se envían por aire, así que evita comprarlas cuando estén fuera de temporada. Durante los meses de invierno, escoge frutas que se mantengan frescas durante los trayectos por mar, que son más largos, como los plátanos y las naranjas, que rara vez se envían por avión.

3 APOYA A LOS PROFESIONALES

Imagínate ir al supermercado y pedir consejo acerca de un libro adecuado para regalarle a tu sobrino, una televisión con bajo consumo energético o cómo cocinar mejor un trozo de carne. Tal vez puedas tener suerte, pero con toda probabilidad no te ayudarán en absoluto.

De hecho, como los supermercados amplían su gama de mercancías sin cesar, es imposible que el personal conozca todos los productos de la tienda, y eso no es bueno para los clientes.

En cambio, es muy probable que el carnicero del barrio, el propietario de una librería o el encargado de una tienda de electrodomésticos puedan ofrecerte útiles consejos acerca de todos los productos que venden. Sin duda te ayudarán a escoger mejor; además, te ofrecerán las mejores gangas.

Por otro lado, muchos comerciantes especializados piden encantados los productos de los cuales no tienen existencias y te los proporcionan unos días más tarde. Ese toque personal es lo que marca la diferencia.

CONÉCTATE

Internet es un gran recurso para el comprador ecológico. En aquellos lugares donde han desaparecido los comercios de barrio especializados, los consejos que solían dar pueden encontrarse fácilmente por Internet.

Pueden buscarse y compararse los productos más ecológicos visitando distintas tiendas, sin que esto suponga recorrer mayores distancias, y el mercado de segunda mano ha resurgido gracias a sitios de subastas e intercambios como eBay y Freecycle.

Aunque sería estupendo que todo esto ocurriera en nuestra localidad, si te conectas hoy mismo, puede que un futuro comercial más ecológico esté más cerca de lo que crees.

4 BUSCA PRODUCTOS ECOLÓGICOS

Desde siempre, uno de los consejos ecológicos clásicos ha sido la utilización de bombillas de bajo consumo. Hace años que cambié la mayor parte de mis bombillas corrientes, pero como me gusta el mobiliario de época, hasta hace poco todavía tenía varias lámparas con bombillas más pequeñas que no había podido cambiar.

Como buena ecologista, me resultaba muy frustrante ir de una tienda a otra y encontrar a la venta sólo un tipo estándar de bombilla de bajo consumo. De hecho, casi me rendí.

Sin embargo, un día me hablaron de una tienda *on-line* que vende productos ecológicos y me dijeron que le echara un vistazo. Con una búsqueda rápida en su página web encontré bombillas más ecológicas de todos los tamaños y tipos que necesitaba.

Las grandes superficies, con sus marcas y programas de compras a largo plazo, no están cambiando con mucha rapidez. Sin embargo, la gama de productos ecológicos disponibles *on-line* está aumentando a gran velocidad, desde productos del hogar hasta ropa, calzado e incluso comida para mascotas respetuosa con el medio ambiente. Cuando aparece en el mercado algún producto ecológico, puedes estar seguro de encontrarlo antes en Internet.

Consulta las tiendas *on-line* y las páginas web al final del presente libro si deseas saber por dónde empezar.

5 DESCARGAS

Otro tipo de compras *on-line* que tiene cada vez más adeptos es
la descarga de música y películas. Gran parte de estos intercambios
de archivos son ilegales, pero si no quieres arriesgarte a vulnerar
las leyes de propiedad intelectual, existen numerosos sitios de donde
descargar legalmente música y películas.

Esto suele costar mucho menos que comprar un disco o DVD en
una tienda. Las empresas que venden las descargas se ahorran dinero
en envoltorios y transporte, y tú puedes beneficiarte de parte de este
ahorro. Además, el planeta también sale ganando al no tener que utilizar
preciosos recursos (sobre todo plásticos derivados del petróleo).

Descargar películas no significa tener que verlas en la pantalla del
ordenador. Yo he configurado mi ordenador de manera que el sonido
y el vídeo pasen a través del reproductor de DVD al televisor (sólo lleva
unos minutos descubrir qué cables conectar en cada toma), así que
no existe ninguna diferencia entre un DVD de verdad o una descarga
en lo referente a la calidad de visión.

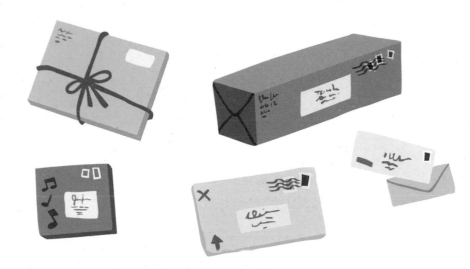

De un modo similar, si posees un reproductor de MP3 no existe motivo alguno para comprar discos físicos, aunque si quieres una copia en dicho formato siempre puedes grabarla.

Si prefieres los discos de toda la vida, hay disponibles otras opciones, como los servicios de alquiler *on-line*, en los cuales se paga una subscripción y te prestan una serie de títulos que recibes y más tarde devuelves por correo. Una vez más, así se ahorra en la producción de discos, además de tener más espacio en las estanterías al no ocuparlo con películas que sólo verás una vez.

Por supuesto, tomar en préstamo artículos de las bibliotecas municipales implica unos gastos de transporte aún menores, así que también puedes estudiar esta opción: disponen de una gama de productos mucho mayor de lo que crees.

6 BUSCA GANGAS DE SEGUNDA MANO

Reutilizar es una de las «tres R» de la ecología y comprar artículos de segunda mano constituye una forma estupenda de seguir aprovechando los recursos y, de paso, encontrar gangas.

En ese sentido, Internet ha tomado el relevo de los anuncios clasificados de los periódicos como el mejor sitio donde encontrar y vender artículos usados.

Existen distintas maneras de funcionar en función de cada página web, y no cabe duda de que a alguien se le ocurrirá muy pronto alguna aún mejor.

Craigslist funciona exactamente igual que los anuncios clasificados normales, de modo que ofrece un lugar donde la gente puede anunciar la venta de productos de segunda mano. Dispone de una herramienta de búsqueda muy sencilla. Recuerda escoger la situación que te quede más próxima antes de realizar la búsqueda para encontrar lo que necesitas más cerca de ti.

Ebay es el ejemplo más conocido de página web de subastas. Puedes encontrar casi de todo, y normalmente hay que pujar por el artículo que quieres y esperar que nadie supere tu puja antes de la fecha límite. A veces puede resultar algo frustrante, pero conozco a muchas

personas que se han convertido en expertos a la hora de ganar subastas *on-line* y han conseguido muchísimas gangas.

Freecycle es una red que ayuda a la gente a regalar las cosas que no quiere a otras personas de su misma zona. Está especializada en la creación de vínculos locales, y normalmente hay que registrarse en un foro local para intercambiar mensajes y ver qué hay disponible en las proximidades. También es una forma estupenda de librarte de artículos que no necesitas. Si te cambias de piso o de oficina, vale la pena inscribirte en el grupo de **Freecycle** local para conseguir artículos de calidad de forma gratuita y así ahorrar dinero para otros gastos.

REDUCE EL CONTENIDO DE PETRÓLEO DE LOS ALIMENTOS

No me refiero a aceites vegetales. Te sorprendería la cantidad de combustibles fósiles que se consumen en la producción de los alimentos.

En el año 2000 diversas manifestaciones contra el elevado precio del petróleo causaron escasez de combustible en el Reino Unido y, más adelante, en Londres nos sorprendió descubrir lo cerca que habíamos estado de encontrar las baldas del supermercado completamente vacías. Sin embargo, el petróleo no sólo se utiliza para los transportes. Desde los fertilizantes y los pesticidas hasta la maquinaria empleada en las fábricas para tratar la comida, nuestra cadena alimentaria al completo depende de enormes cantidades de petróleo.

Los envases también tienen su parte de culpa. Si compras una lata de verduras, más de un tercio de la energía necesaria para producirla puede irse en la producción del bote de acero.

Las emisiones de dióxido de carbono causadas por todo este petróleo son realmente significativas. Las emisiones resultantes de la producción, el procesamiento y el transporte de los alimentos para una familia típica superan las ocho toneladas anuales.

En los últimos años, se cocina muchísimo menos en los hogares. El estilo de vida cada vez más ajetreado hace que se reduzca de forma paulatina el número de familias que comen juntas y también el tiempo que pasamos cocinando. El tiempo medio para preparar la cena ha disminuido desde los noventa minutos en la década de 1980 hasta los veinte de hoy en día.

Consumir alimentos locales, ecológicos y sin envase supone consumir mucha menos energía, y no resulta difícil hacerlo. En los siguientes consejos encontrarás algunas formas sencillas de preparar comidas que suponen una menor utilización del petróleo.

7 COME ALIMENTOS ECOLÓGICOS

Las granjas ecológicas consumen un 50%-70% menos de energía
que la agricultura convencional a la hora de producir alimentos.
Si escoges alimentos ecológicos, reducirás las emisiones de dióxido
de carbono y también la contaminación del agua y de la tierra.

Encontrar alternativas ecológicas nunca ha resultado tan sencillo,
ya que hoy en día la mayor parte de los supermercados y comercios
de barrio, carnicerías y verdulerías suelen tener una gran variedad de
productos cultivados de forma ecológica. Así pues, reducir el impacto
que tiene nuestra comida en el medio ambiente puede ser tan
sencillo como buscar estos productos en las baldas del supermercado.

No obstante, evita los alimentos ecológicos que proceden de lugares
lejanos. En el Reino Unido, la posibilidad de que las frutas ecológicas
sean importadas es altísima, mientras la producción nacional lucha
por ponerse al día de la demanda; en cambio casi todos los huevos,
la leche y los productos avícolas provienen de granjas más próximas
a nuestros hogares.

El país de origen suele aparecer escrito en la mayor parte de
los alimentos frescos, así que ten en cuenta las distancias que han
tenido que recorrer al escoger un producto ecológico para no mejorar
un problema medioambiental y al mismo tiempo empeorar otro.

COMPRA MENOS Y MÁS A MENUDO 8

La mayor parte de la gente realiza una compra principal de comida una vez a la semana. Varios estudios demuestran que la mayoría gasta el 80% del presupuesto familiar para alimentación en esta compra.

Se desperdicia una gran cantidad de comida. Más de un tercio de los alimentos comprados acaba en la basura: parte en forma de cáscaras y restos, pero muchos simplemente se echan a perder en la nevera o el verdulero porque compramos demasiado de una vez o no hacemos planes de antemano y terminamos con productos que nunca usamos.

La mayoría ya visitamos otros comercios entre una compra principal y otra para rellenar la despensa con productos como pan y leche cuando ya no nos queda o se han pasado. Estas visitas «adicionales» a las tiendas no suelen ser trayectos especiales, sino que se realizan a la vuelta del trabajo o en combinación con otros recados, de forma que son muy eficientes y tienen poco impacto sobre el medio ambiente.

Así pues, una forma de reducir tu impacto en el medio ambiente es dejar de ir a la compra una vez a la semana y realizar en su lugar muchas compras adicionales, incluyéndolas en tu rutina cotidiana. De este modo, evitas realizar trayectos especiales para comprar comida, desperdicias menos y además comes alimentos más frescos.

9 MENOS ALIMENTOS ENVASADOS

Pese a la popularidad de los libros y los programas de televisión sobre la alimentación (sólo en el año 2002 se publicaron más de 900 libros de cocina), cada vez cocinamos menos. Casi un tercio de nosotros toma al menos una comida preparada a la semana, y las ventas de este tipo de alimentos han aumentado aproximadamente un 50 % en comparación con el año 1990.

La comida procesada y envasada pasa por muchos procesos antes de llegar a las baldas del supermercado. Cada ingrediente puede provenir de un país distinto y se transporta a una fábrica central para ser cocinado. Después, el producto acabado se enfría o se congela y se envasa con plástico y cartón antes de ser transportado en camión, a través de un centro de distribución, al supermercado.

A pesar de la energía utilizada para cocinar, preparar la comida en casa con ingredientes crudos a menudo tiene un menor impacto en el medio ambiente que los alimentos de preparación rápida, y si se cocina para más de una persona el impacto es siempre menor.

Muchos alimentos procesados contienen, por otro lado, altos niveles de aditivos, como, por ejemplo, los colorantes, de manera que todavía resulten apetecibles después de llevar una semana en el frigorífico, así como grandes cantidades de sal (aunque se están reduciendo poco a poco por las presiones de las asociaciones en defensa de la salud) o edulcorantes artificiales.

Alrededor de una quinta parte de los desperdicios caseros son envases de alimentos, mientras que también se desaprovecha mucha comida envasada, en parte por la costumbre de realizar una compra semanal, pero también porque los propios comercios tiran aquellos alimentos cuya fecha de caducidad ya ha pasado.

Todos estos problemas pueden resolverse comprando alimentos frescos y cocinando más comida casera.

Si eres una persona tan ocupada como yo, es poco probable que puedas cocinar todos los días. Sin embargo, existen muchas recetas estupendas que no llevan mucho tiempo, como los platos de pasta rápidos, las ensaladas o el pescado.

Una buena idea es cocinar grandes cantidades cuando dispones de tiempo y meterlas en porciones en el congelador para crear tus propias «comidas preparadas», de forma que puedas disfrutar de tus recetas favoritas sin necesidad de ingerir aditivos ni demasiada sal.

PIDE PRODUCTOS ECOLÓGICOS

Como dice el conocido dicho, «el cliente siempre tiene razón»; pero lo cierto
es que muchas empresas no ofrecen artículos más ecológicos porque creen que
no habría suficiente demanda por parte de sus clientes. Después de todo, sus
productos de siempre todavía se venden, así que ¿por qué molestarse en cambiarlos
si no ven ningún problema en seguir comercializándolos?

La mayoría de las veces basta con comentar en la tienda de barrio donde sueles
comprar que te gustaría que tuvieran más productos ecológicos o de comercio
justo. Para las empresas más grandes, escribe una carta a sus oficinas centrales:
a buen seguro que otros habrán tenido la misma idea que tú.

Pide productos ecológicos: al hacerlo, estarás marcando la diferencia y,
además, te ahorrarás tiempo y problemas a la hora de buscar productos
más ecológicos en el futuro.

10 PIDE LO QUE QUIERES

Es probable que los comercios de tu localidad, así como las grandes superficies, tengan muchas cosas entre manos y no pongan los problemas medioambientales entre sus prioridades por propia iniciativa. De hecho, tal vez estén encantados de tener a alguien que realice investigaciones de mercado por ellos y les sugiera nuevos productos que ofrecer.

En el lugar donde resido, la tienda de la esquina dispone ahora mismo de una amplia gama de café de comercio justo en sus baldas gracias a mis peticiones y a las de otros vecinos del barrio que demostraron a los propietarios que había una fuerte demanda en la zona.

Si has buscado por todas partes el producto ecológico perfecto y lo has encontrado en Internet, ¿por qué no llevarlo a tu tienda habitual y decirles que lo pidan? Esto ahorrará a otras personas las molestias que tú sufriste, y te ahorrará tiempo la próxima vez que necesites comprarlo.

QUÉJATE

Las empresas quieren tener satisfechos a sus clientes, y una queja formulada con educación a menudo puede surtir efecto si encuentras productos nocivos para el medio ambiente a la venta en las tiendas cuando existen otras alternativas. Si una compañía ha empezado a utilizar aceite de palma perjudicial para el medio ambiente en tus galletas favoritas, escribirles para pedirles que vuelvan a cambiar a su receta original podría marcar realmente la diferencia.

La mercadotecnia también suele ser motivo de quejas. A veces las empresas y los comercios realizan promociones con premios muy poco ecológicos, como vacaciones en países tropicales o vehículos que consumen mucho combustible. Esto pasa en ocasiones con empresas que, por otro lado, presumen de ser muy ecologistas, ¡en una ocasión vi a un productor de alimentos ecológicos ofrecer como premio un todoterreno!

A menudo las compañías hacen cosas de este tipo sin pensarlo, y la formulación de quejas con educación por parte de clientes fieles suele ser más eficaz a la hora de hacerles cambiar de método que una ruidosa protesta en el exterior de sus oficinas centrales. Así pues, si algo te molesta en un comercio, apoya la causa escribiendo y pidiendo que eliminen ese producto tan perjudicial o sugiriendo un premio más adecuado para su próxima promoción.

Sigue estos consejos para redactar cartas eficaces que marquen
la diferencia:

• Escribe a la persona adecuada y por su nombre. Descubre quién
es el gerente, encargado de compras o director de la compañía
responsable, y escríbele a él en persona. Normalmente es posible
encontrar esta información en la página web de la empresa. Escribir
a la persona adecuada aumentará las posibilidades de que tu carta
sea leída y tomada en serio, y al mismo tiempo demuestra también
que eres una persona seria.

• Sé educado y constructivo. Proporciona a la empresa una alternativa
clara al producto del cual te estás quejando, y sugiere artículos distintos
o un premio diferente para otro sorteo en el futuro.

12 INICIA UNA CAMPAÑA

Existen literalmente cientos de ejemplos de cambios realizados por las tiendas como respuesta a campañas lideradas por consumidores y profesionales a la hora de defender diversas causas.

Lanzar una campaña puede resultar tan sencillo como realizar una petición por Internet o escribir un modelo de carta y pedir a tus amigos que la distribuyan. Incluso puedes utilizar herramientas en red gratuitas, como los grupos de Facebook, para conseguir apoyo.

Aunque conseguir que una empresa realice un gran cambio lleva años de presión, algunos cambios son tan sencillos y fáciles que en ocasiones sólo es necesario un puñado de cartas de sus valiosos consumidores, para marcar la diferencia.

Aquí incluimos algunos ejemplos de exitosas campañas que a buen seguro te servirán de inspiración:

• El movimiento de comercio justo se ha desarrollado casi exclusivamente como resultado de la acción de los consumidores. Se inició en Holanda en la década de 1980, y hoy en día existen cientos de productos de comercio justo que permiten que los agricultores de los países en vías de desarrollo disfruten de una vida decente produciendo bienes de consumo básicos, como café, té, cacao o azúcar.

• Como respuesta a las solicitudes de los clientes que reclamaban una ropa interior menos perjudicial para el medio ambiente, la empresa minorista británica Marks & Spencer se ha comprometido a fabricar una mayor cantidad de sus prendas básicas con algodón ecológico.

La empresa inició este cambio en el 2006, y su nueva demanda de algodón ecológico provocó un desabastecimiento temporal de éste en el mercado mundial.

• Más recientemente, en el 2007, en el Reino Unido el fabricante de chocolate Cadbury volvió a introducir su burbujeante chocolatina Wispa, que había dejado de producir cuatro años antes, después de que los clientes iniciaran una campaña por Internet con peticiones *on-line* y grupos en sitios de redes sociales como Facebook, MySpace y Bebo.

• En la actualidad, el grupo ecologista Greenpeace está presionando a los comercios para que dejen de vender bombillas incandescentes de las de toda la vida y ofrezcan en su lugar variedades de bajo consumo. Al conseguir que los clientes enviaran peticiones a los gerentes de sus tiendas favoritas, han conseguido compromisos para retirar de forma paulatina las bombillas antiguas en muchos comercios minoristas importantes, entre ellos Woolworths.

REDUCE LOS RESIDUOS

Un día de compras puede abrirte los ojos al problema de los residuos ocasionados por los envoltorios. Vuelves a casa con un montón de cosas nuevas, ansioso por sacarlas y echarles un vistazo, y más tarde te encuentras con una enorme pila de bolsas, cajas y envases de plástico vacíos que lo envolvían todo.

La Navidad propicia experiencias de este tipo. Una vez abiertos los regalos, a menudo hay más envoltorios para tirar que regalos dejados bajo el árbol.

Para artículos más cotidianos, es una verdadera lástima que haya tan pocos productos que vengan en envoltorios reutilizables. Con suerte puedes encontrar unos poquitos productos ecológicos que sí lo hacen, y de hecho su utilización está aumentando cada vez más. Sin embargo, existe una gran cantidad de productos nuevos que parecen esforzarse al máximo por crear residuos en forma de envoltorios.

Siempre nos quedará el reciclaje, pero si evitamos los productos desechables, reducimos los envases que llevamos a casa, y si reutilizamos paquetes y bolsas, podemos hacer mucho más por reducir la cantidad de estos residuos que, además, deben fabricarse.

13 NO UTILICES DESECHABLES

Desechable es una palabra horrible. Además de fomentar el derroche de los recursos, también implica que las cosas pueden tirarse sin consecuencias. Como ecologista, la creciente cantidad de artículos para el hogar desechables (de un solo uso) hace que me hierva la sangre.

Te recomiendo que evites todo tipo de productos de usar y tirar, ya sea un trapo para el polvo, una cuchilla que sólo dura un par de días o una cafetera diseñada para utilizar una cápsula plástica llena de café cada vez que quieres una taza (además, estas máquinas son caras ya que cada cápsula sirve sólo para una taza).

A la hora de la comida es cuando encontramos una mayor cantidad de artículos desechables, como tenedores y cucharillas de plástico, disponibles en la mayoría de los restaurantes de comida para llevar, tiendas de bocadillos, comedores y cafeterías, que no se reciclan fácilmente, lo cual los hace aún peores.

Una forma sencilla de reducir los residuos es llevarse un tenedor y una cuchara de casa al trabajo y guardarlos en tu escritorio. Así, cuando compres una ensalada o un yogur para llevar, no tendrás que utilizar estos cubiertos de plástico.

EVITA LOS ENVASES

14

Ya en la tienda misma, intenta reducir la cantidad de residuos que te llevas a casa.

Escoge alimentos sueltos, como frutas y verduras frescas, y apoya a tiendas como las panaderías que producen el pan y los pasteles allí mismo, de forma que no tienen que ponerlos entre capas de plástico para transportarlos.

Para compras mayores, evita en lo posible los envases y asegúrate de que reciclas todas las cajas o las reutilizas en casa.

Aquí también puede serte útil tu vena reivindicativa. Si uno de los artículos que compras habitualmente tiene mucho embalaje, escribe a la empresa como cliente fiel y sugiérele un cambio.

15 BOLSAS, BOLSAS, BOLSAS

Las bolsas de plástico constituyen un problema ecológico muy importante. Sólo en el Reino Unido, más de 13.000 millones se desperdician cada año en los comercios. En España el consumo es de unos 10.500 millones.

La mayoría se utilizan una vez y después se tiran, con lo cual los vertederos se llenan de ellas, pero si llegan al medio ambiente causan incluso más problemas. La mayor parte de la basura de los océanos del planeta se compone de plástico, y se sabe que las bolsas hieren y matan a infinidad de animales, como tortugas, delfines y aves marinas.

El municipio de Modbury, en Inglaterra, tiene sólo 1500 residentes, pero desperdiciaba cientos de miles de bolsas de plástico todos los años. Gracias a una iniciativa popular, en la actualidad se ha convertido en la primera localidad que ha prohibido las bolsas de plástico y en su lugar pondrá a la venta bolsas de tela de calidad, así como bolsas de papel para las compras más pequeñas.

Para eliminar las tan perjudiciales bolsas de plástico de tu vida, puedes seguir su ejemplo asegurándote de llevar siempre a la compra bolsas de tela reutilizables. Si te resulta incómodo llevar una bolsa de algodón de un sitio para otro, las bolsas de red y las de seda resistente pueden doblarse y ocupan un espacio minúsculo. Si llevas una de éstas en el bolsillo o el bolso, nunca más necesitarás una bolsa de plástico.

Cuando planees ir a comprar, ¿por qué no llevas una bolsa de la compra bien grande? Existen multitud de modernos diseños y son mucho más elegantes y cómodas que la vieja y fea bolsa de plástico.

COMPRAR DESDE CASA

Cuando compras desde casa, tienes muchas posibilidades de escoger opciones
más ecológicas. Desde los electrodomésticos hasta las alfombras y las cortinas,
existen alternativas ecológicas para todo, que ahorran energía (y dinero), reducen
la contaminación (también en el interior de tu hogar) y no despilfarran agua
y recursos en todo el mundo.

El consumo eléctrico en los hogares se ha duplicado en los últimos treinta años,
sobre todo porque tenemos muchísimos aparatos, y gracias a nuestra terrible
costumbre de dejarlos en reposo. Sin embargo, tenemos a nuestra disposición
electrodomésticos de bajo consumo energético que mejoran día a día.

Aunque no podamos permitirnos llenar la casa de antigüedades, amueblarla
constituye una gran oportunidad de utilizar artículos de segunda mano que en el
futuro se convertirán en reliquias. En la actualidad también existen artículos nuevos,
almohadas, cortinas, alfombras, etc., fabricados en una amplia gama de materiales
ecológicos, y es fácil encontrarlos *on-line*, en caso de no estar disponibles en
los comercios minoristas.

16 CONSUMO DE ELECTRICIDAD

Actualmente en todos los hogares disponemos de muchísimos aparatos eléctricos, de manera que hemos pasado de los 17 tipos distintos en la década de 1970 hasta los 37 hoy en día.

Los microondas, los reproductores de DVD y las videoconsolas son útiles, pero constituyen una sangría enorme desde el punto de vista del consumo eléctrico, en especial si no tienen el interruptor de apagado adecuado y se dejan en reposo todo el tiempo. Intenta comprar modelos con funciones de ahorro energético y un consumo en reposo reducido, y desenchúfalos siempre cuando hayas terminado, si deseas conseguir la máxima puntuación ecológica.

No sólo la electricidad causa problemas. Todos tenemos aparatos que no utilizamos y que ocupan espacio en los armarios, así que plantéate si de verdad vas a utilizar esa máquina de hacer pan o helados, o esa enceradora de zapatos eléctrica, antes de gastarte el dinero en otro artilugio más. Para fabricarlos se utilizó una gran cantidad de energía y recursos; además, los electrodomésticos no deseados ocupan muchísimo espacio en los vertederos, y causan una contaminación terrible por los metales pesados y otros productos químicos presentes en sus circuitos.

Si evitas los aparatos que no necesitas, mantendrás más limpio el planeta y ayudarás a conservar los siempre tan preciados recursos; además, dispondrás de más espacio en los armarios.

ARTÍCULOS POCO CONTAMINANTES

17

Muchos aparatos del hogar, como las lavadoras o las neveras, se comercializan con una etiqueta informativa que te explica exactamente lo ecológicos que son. Escoge los modelos más ecológicos y ahorrarás mucho dinero en costes de funcionamiento. Estos electrodomésticos de línea blanca son responsables del 40% de la electricidad que consumimos.

También tienes que buscar la ecoetiqueta de la Unión Europea (una flor con las estrellas de la Unión Europea a su alrededor). Los artículos que la llevan se han fabricado con materiales menos contaminantes y, en el caso de las lavadoras y los lavaplatos, también ahorran agua.

Cambiar las antiguas y despilfarradoras bombillas incandescentes por las eficientes fluorescentes es una buenísima idea. Cada una de las que cambies te ahorrará más de quince veces su precio en la factura eléctrica y, además, tendrás que cambiarlas con mucha menos frecuencia.

Echa un vistazo a las páginas web presentes al final del libro y encarga hoy mismo bombillas para todas las lámparas de tu casa. No obstante, no hagas como yo con una de mis lámparas y pidas una de repuesto. ¡Todavía la tengo en el cajón, y ahí seguirá durante como mínimo unos años más!

18 REPARA LOS APARATOS

Poco a poco estamos convirtiéndonos en una cultura de usar y tirar, tal como lo demuestra el hecho de que sólo en Europa se tiren más de seis millones de toneladas de artículos para el hogar al año. Esto es un despilfarro se mire por donde se mire, tanto más cuando dichos aparatos contienen materiales útiles que podrían reciclarse, y por otro lado también supone un desperdicio de la energía utilizada para producirlos. Se calcula que una persona normal genera 3,3 toneladas de residuos eléctricos a lo largo de su vida.

En muchas ocasiones no es necesario tirar las cosas, sino que pueden repararse y alargar su vida útil varios años más.

Se nos da bien llevar a reparar artículos de gran tamaño como las lavadoras, pero ¿cuándo fue la última vez que hiciste reparar algo pequeño, como, por ejemplo, una tostadora? De hecho, a menudo nos parece mucho más sencillo comprar una nueva por unos cuantos euros, de forma que millones de tostadoras que apenas tienen un pequeño problema terminan en la basura sin ninguna necesidad.

La forma de evitarlo consiste, en primer lugar, en evitar comprar artículos del hogar desechables y muy baratos. Invierte en aparatos que duren más y que estén fabricados para ser reparados, y en realidad saldrás ganando.

En segundo lugar, utiliza los servicios de reparación de los profesionales de tu barrio. Muchos electricistas independientes siguen ofreciendo

servicios de reparación a buen precio, y son fáciles de encontrar
en directorios de empresas y en Internet.

Por otro lado, apoyar a los comercios del barrio también es estupendo
para la economía local, ya que ese dinero que se gasta en la reparación
volverá a reinvertirse en el barrio, en lugar de engrosar las cuentas
de una multinacional comprando un nuevo artículo fabricado de forma
barata y procedente de la otra punta del mundo.

19 ESCOGE MUEBLES MÁS ECOLÓGICOS

Los muebles nuevos son grandes adquisiciones que esperamos que duren años. Precisamente porque tenemos que convivir con ellos, vale la pena asegurarse de que están fabricados con materiales no tóxicos y más ecológicos, y de que su proceso de fabricación conlleva un bajo impacto en el medio ambiente.

Los muebles de segunda mano van desde antigüedades caras hasta «trastos» muy baratos, pero cada artículo al que proporcionas un nuevo hogar se traduce en árboles que no tienen que ser cortados y materiales que no tienen que fabricarse de nuevo.

Consejos relacionados con los muebles de segunda mano:
• Para los artículos más pequeños, visita las tiendas de antigüedades y subastas. Muchas piezas no son tan caras como te imaginas.

• Busca en los anuncios clasificados o en Internet artículos de segunda mano en tu zona.

• Los comercios que venden artículos de segunda mano con fines benéficos suelen contar con muebles de ocasión en excelentes condiciones.

• Si se te da bien lijar, las tiendas de objetos de segunda mano suelen ofrecer gangas fantásticas y con mucho estilo que sólo necesitan algo de amor y cariño.

Los muebles nuevos también pueden ser ecológicos y no tóxicos.
Sigue estos consejos para conseguir que tu decisión de compra tenga
un menor impacto sobre el medio ambiente:

• Asegúrate de no estar apoyando la tala insostenible de árboles,
y en su lugar compra muebles de madera que lleven el certificado
FSC (Forest Stewardship Council).

• Actualmente también son más comunes los muebles fabricados con
madera recuperada de edificios antiguos y muebles rotos, así como
artículos hechos con plásticos y metales reciclados, de modo que estate
atento y no los dejes pasar.

• Para el suelo, evita el linóleo de PVC y las alfombras fabricadas con
materiales sintéticos. En su lugar opta por artículos atractivos, cálidos
y naturales fabricados con bambú, caucho, linóleo real, yute, sisal, fibra
de coco e incluso algas.

• Escoge cortinas, cojines y otros complementos para el hogar
fabricados con materiales duraderos y de bajo impacto medioambiental,
como el algodón ecológico, el cáñamo, el lino o el bambú.

Además, cuando te hayas cansado de tus muebles, no te olvides de
cerrar el círculo asegurándote de que van a parar a un buen hogar.
Regálaselos a alguien, véndelos a través de un periódico o Internet,
o cédelos a una organización benéfica; muchas necesitan muebles
y, si están en tu localidad, podrían recogerlos en tu domicilio.

VESTIRSE DE FORMA ECOLÓGICA

Comprarse ropa resulta a veces muy confuso cuando eres ecologista. La industria de la moda es mucho más compleja que la industria alimentaria, ya que participan en ella muchos más niveles de producción, cada uno de ellos con sus riesgos medioambientales y éticos.

Para confeccionar una simple pieza, las fibras deben cultivarse y recogerse, después hilarse y tejerse hasta formar telas; a continuación teñirse, cortarse y coserse para darles forma antes de transportarlas a las tiendas. Al vernos obligados a tener en cuenta todos estos factores, garantizar que una prenda de ropa sea «ecológica y ética» resulta muy difícil.

Sin embargo, esta complejidad también supone múltiples formas de marcar la diferencia. Utilizar enfoques ecológicos y de comercio justo en cada uno de estos procesos contribuye sin duda a mejorar la vida de muchísimas personas, además de contribuir a proteger el medio ambiente.

Por supuesto, la manera más sencilla de reducir el impacto de tu armario consiste en reutilizar, reciclar y arreglar las prendas, pero ser ecologista también es una excelente excusa para reducir el consumo comprando artículos de primerísima calidad, que duran más tiempo. En este capítulo, intentaré explicar también las diversas formas que tienen las empresas de fabricar nuevas prendas de ropa ecológicas.

20 AMOR POR EL *VINTAGE*

La ropa *vintage* es una de mis debilidades. Cuando estaba en la universidad, durante la década de 1990, la ropa de los setenta volvió a ponerse de moda de repente, así que todas nos paseábamos por la ciudad llevando los antiguos zapatos de plataforma de nuestras madres y jerséis ceñidos. En esa época, los ochenta estaban muy pasados de moda, pero ahora vuelven a llevarse las mangas murciélago y las camisetas a rayas.

De hecho, hoy en día parece que el estilo de cualquier periodo desde la década de 1920 es un blanco legítimo. Resulta estupendo si te encanta la moda de una época concreta o si quieres tener algo de variedad en el armario, pero el que más sale ganando es sin duda el planeta.

Al comprar ropa *vintage*, adquieres prendas preciosas y de gran calidad por una mínima parte de lo que cuestan los artículos de un diseñador nuevo y, al reutilizarla, contribuyes al ahorro de recursos y a la reducción de las emisiones de dióxido de carbono.

Otra buena noticia es que el comercio de ropa *vintage* crece con rapidez, con ferias más organizadas que viajan de un sitio a otro y una amplia gama de tiendas *on-line*. Incluso las hay que venden ropa de segunda mano con fines benéficos especializadas en encontrar las mejores prendas *vintage* entre los donativos para que no tengas que estar buscando por los estantes.

21 ARREGLOS

Dos de los problemas que nos llevan a despilfarrar dinero en las tiendas son que la prenda en cuestión se rompa, y que cambiemos de talla y descubramos que nuestra ropa favorita ya no nos queda bien. Aprender a realizar sencillos arreglos nos ayudará a seguir utilizando esas prendas que tanto nos gustan.

Estas habilidades también son útiles cuando encuentras un artículo *vintage* o de segunda mano que te queda casi perfecto. Yo suelo comprar pantalones y faldas que me van un poco grandes y los arreglo para que me queden como un guante.

No te preocupes, no tengo un arte especial cosiendo pero, si te limitas a unas cuantas puntadas pequeñas y en el interior, hasta los más inexpertos pueden con arreglos sencillos, como, por ejemplo, rebajar unos centímetros de cintura.

Si no te manejas para nada con la aguja y el hilo, pregunta en la lavandería del barrio. Muchos de estos comercios ofrecen servicios de arreglos, y por mucho menos dinero de lo que te costaría una prenda nueva.

Otra inversión que realmente vale la pena es llevar a arreglar los zapatos. Si les cambias las tapas o pones una nueva capa en la suela, evitarás que acaben tan gastados que ya no puedan ni arreglarse.

ARTÍCULOS RECICLADOS 22

Muchas empresas se están esforzando por crear un mercado de ropa confeccionada con materiales reciclados.

Estos artículos van desde faldas hechas con retales de la industria de la moda a trajes rediseñados o chaquetas de forro polar fabricadas con botellas de agua recicladas.

Por desgracia, todavía son poco comunes, pero puedes encontrar artículos confeccionados con telas recicladas en tiendas que van desde *boutiques* de diseñadores hasta grandes cadenas.

Estate atento a los anuncios (las compañías que se dedican a vender camisetas recicladas suelen gritarlo a los cuatro vientos, sobre todo si no son muy ecológicas en otros aspectos) y mira siempre la etiqueta.

Buscar en Internet también te puede ayudar a descubrir artículos fabricados con materiales reciclados.

Dos de mis empresas favoritas que crean modernas prendas recicladas son la compañía de zapatos Terra Plana (que también fabrica vaqueros reciclados) y From Somewhere, que fabrica unas preciosas prendas de *patchwork*.

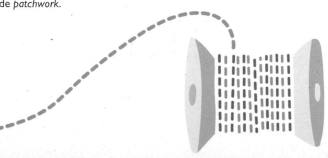

23 ARTÍCULOS DE CALIDAD

En esta época de «moda rápida» y desechable destinada a acabar en los vertederos, todos soñamos secretamente con un armario lleno de prendas clásicas y duraderas que conjunten unas con otras. ¿A quién no le gustaría ahorrarse las molestias de decidir qué ponerse todas las mañanas?

Aunque la mayoría de nosotros no podemos permitirnos vestir de pies a cabeza prendas de la mejor calidad, podemos utilizar este enfoque con ciertas adquisiciones y al final ahorrarnos un dinero. Yo suelo aplicarlo sobre todo a los zapatos y los abrigos de invierno. Después de varios otoños llevando un viejo, andrajoso y desgastado abrigo del año anterior, preguntándome por qué ya no era capaz de encontrar algo así en las tiendas, me rendí y me concedí el lujo de comprar un abrigo negro clásico realmente bueno de una marca algo pija, fabricado en Irlanda.

Resultó ser la mayor ganga que he encontrado nunca. Era elegante y cálido, me quedaba muy bien, y lo tuve durante tres inviernos y medio antes de tener que deshacerme de él.

Para los artículos básicos, como los abrigos, los pantalones y los zapatos, comprar menos, pero asegurándonos de que son de alta calidad y éticos, evita el despilfarro de recursos y contribuye a proteger el planeta, incluso si no están fabricados con fibras ecológicas.

24 INTERCAMBIOS

Todas tenemos ropa que es estupenda en teoría, pero que en la práctica no llevamos. Puede que sea demasiado grande o demasiado pequeña, tal vez no nos queda tan bien como pensamos en un primer momento, o quizás la hemos llevado en muchas fiestas como para volver a hacerlo.

Sea cual sea el motivo, una manera genial de rejuvenecer el armario, y también el de tus amigas, es organizar una fiesta de intercambio de ropa. De hecho, se llevan mucho en la actualidad: los organizadores de fiestas las están añadiendo a sus repertorios e incluso locales de fiesta celebran noches de intercambio bajo el lema: «No esperes irte a casa con la ropa que trajiste».

Celebrar una fiesta de intercambio en casa es realmente sencillo (aunque tienes que asegurarte de que los novios, hermanos y padres están fuera o te arruinarán la noche con comentarios tontos). Sólo tienes que invitar de cuatro a diez amigas, servirles comida y bebida y, por turnos, que cada una enseñe las prendas que ya no se pone. Todas os probáis la ropa que os gusta, y os lleváis a casa lo que queráis al final de la noche.

Las fiestas de intercambio constituyen una forma estupenda de conseguir ropa nueva de segunda mano de una fuente fiable y, al mismo tiempo, de hacer sitio en el armario. Siempre que no se acuda en helicóptero, también es una manera divertida de ayudar a salvar el planeta.

25 FIBRAS MÁS ECOLÓGICAS

El algodón es el producto agrícola no alimenticio más valioso del mundo, y uno de los cultivos que consumen más recursos, pues es responsable del 16% del consumo global de insecticidas. Muchos productores de algodón pobres sufren los efectos de los altos precios de los productos químicos agrícolas, y aun así no obtienen los beneficios justos por parte de las grandes empresas de la industria de la confección.

Si los principios del comercio justo y la agricultura ecológica llegaran a la industria algodonera, podrían mejorarse las vidas de muchísimas personas y aliviar al mismo tiempo la maltrecha condición del planeta. Dado el gran impacto medioambiental de la producción de algodón, yo siempre que puedo compro algodón ecológico.

No obstante, existen otras fibras que tienen un impacto incluso menor que el algodón ecológico.

El cáñamo necesita muy pocos nutrientes y puede cultivarse de forma ecológica en casi todo el mundo, incluso en zonas propensas a las sequías y las inundaciones. Con estas fibras pueden confeccionarse tejidos de distintas calidades y la planta también produce aceite y semillas con usos alimenticios.

Por otro lado, el bambú es una hierba que crece increíblemente rápido y no necesita fertilizantes artificiales en la mayor parte de los lugares donde crece. Puede utilizarse para numerosos artículos del hogar y también para confeccionar tejidos muy duraderos.

Por último, la lana ecológica proviene de ovejas que no son desinfectadas con productos químicos y que se crían en tierras que no se sobreexplotan para el pastoreo, lo que garantiza que la lana obtenida tenga muy poco impacto en el medio ambiente.

26 PRODUCTOS ÉTICOS

La ropa ética está poniéndose de moda. El año pasado me invitaron a colaborar en un debate titulado «¿Es el verde el nuevo negro?» y, a juzgar por la cantidad de marcas de moda que fabrican ropa ecológica o de comercio justo, parece que es mucho más que una moda pasajera.

Al final del presente libro encontrarás una amplia gama de minoristas que venden moda ecológica y ética apta para todos los presupuestos.

Por desgracia, los comercios minoristas donde compramos la mayor parte de nuestra ropa están tardando más en ponerse al día. Aunque un puñado de tiendas está introduciendo líneas ecológicas, la mayor parte de las prendas que venden siguen fabricándose sin respetar el planeta ni los derechos de las personas que las confeccionan.

De hecho, averiguar el origen de la ropa de los comercios minoristas puede resultar difícil y la mayoría de las etiquetas no aportan mucha información que digamos. «Fabricado en» se refiere sólo al lugar donde se cosen las partes finales, no donde se cultivan las fibras o donde se teje la tela.

El etiquetado ético también puede resultar confuso. Sería excelente ver símbolos de etiquetaje estandarizados (como las instrucciones de lavado) que proporcionasen información acerca del impacto medioambiental y los derechos de los trabajadores. Mientras tanto, aquí tienes de momento algunos sellos de confianza que debes buscar:

Certificación ecológica de la Soil Association

Si encuentras este logotipo en productos naturales, tanto alimentarios como textiles, significa que se han cultivado o criado de acuerdo con los principios de la agricultura ecológica.
www.soilassociation.org

Fundación Comercio Justo

Comercio justo significa que el producto se ha cultivado teniendo en cuenta el bienestar de los productores y sus empleados. Los agricultores y las cooperativas reciben un precio justo por sus cosechas, y los trabajadores cobran un salario justo por recoger o procesar el producto en cuestión; además, disfrutan de unas condiciones de trabajo decentes.
www.fairtrade.net

La Iniciativa del Comercio Ético

Las empresas que forman parte de esta iniciativa ponen en práctica
un código de conducta que garantiza las condiciones de trabajo de los
empleados que intervienen en la cadena de producción de los artículos.

No existen garantías de que todos los artículos de las empresas incluidas
en la iniciativa sean producidos por trabajadores con unas buenas
condiciones laborales, pero al menos hablan sobre el problema
y se comprometen a mejorar las cosas en el futuro.
www.ethicaltrade.org

Según Naciones Unidas, las principales causas de que continúe deteriorándose el medio ambiente mundial son los modelos insostenibles de consumo y producción. En este sentido, hace un llamamiento a revisar estos modelos insostenibles, recurriendo a un consumo responsable. Al final del libro encontraras la web donde consultar los criterios para un consumo responsable, tanto medioambientales como éticos.

SALUD Y BELLEZA ECOLÓGICAS

Las lociones y los productos para que nuestros cabellos, uñas y cuerpos estén, huelan y se sientan mejor constituyen un negocio que mueve al cabo del año muchos millones de euros. Tanto hombres como mujeres quieren parecer «diez años más jóvenes» y una persona normal gasta cientos de euros todos los años sólo en productos antiedad.

A diferencia de los medicamentos, las normas de etiquetaje y publicidad para los productos de salud y belleza no son muy estrictas, y muchos dicen ser «naturales» o contener «extractos de hierbas» cuando, de hecho, se componen casi en su totalidad de ingredientes derivados del petróleo. Los primeros perfumes se extraían de aceites vegetales; hoy en día el 95 % de los ingredientes son sintéticos y proceden del petróleo.

Además, el envasado y el transporte también causan muchos problemas. La mayor parte de los productos de belleza se presentan en forma líquida y pesada, así que transportarlos consume grandes cantidades de combustibles fósiles. Un envase elegante y exagerado es la mitad del atractivo de buena parte de las cremas faciales y los perfumes.

Estar limpio, fresco y guapo es esencial, así que es estupendo que cada vez más empresas se decidan por producir cosméticos, cremas y champús con un impacto mucho menor en el medio ambiente y que, además, son más saludables para todos.

Éstos no siempre son los productos más obvios de las tiendas, y no tienen grandes presupuestos para publicidad. No obstante, las grandes compañías siempre nos intentan convencer para que utilicemos nuevos productos con fórmulas «mejoradas», así que ¿por qué no buscamos y probamos nosotros mismos productos mejores y más ecológicos?

Al tener ingredientes más naturales, es probable que los productos ecológicos sean más agradables de utilizar y más beneficiosos para ti. Pruébalos y, si te gustan, ya tienes en tu haber otra forma estupenda de conservar el planeta..., además de un cabello o una piel más bonitos y sanos.

27 INGREDIENTES QUE EVITAR

Existen literalmente miles de ingredientes que se utilizan en las preparaciones cosméticas y de cuidado corporal, muchos de los cuales presentan posibles riesgos para la salud.

Es poco probable que cada sustancia química por separado, en las concentraciones utilizadas en los productos de belleza, cause daños inmediatos. Sin embargo, al combinar una serie de productos todos los días, podrías estarte exponiendo a un cóctel de sustancias químicas que se van acumulando y que, con el tiempo, podrían causarte reacciones alérgicas o sentarte mal de alguna otra forma.

Además, que estos compuestos químicos acaben desapareciendo por el desagüe tampoco es una buena noticia para la salud del medio ambiente.

Cada producto que puedas cambiar por una alternativa más saludable te ayudará a reducir todos estos riesgos.

Ftalatos

Estos compuestos químicos se utilizan como suavizantes e hidratantes para ayudar a los ingredientes a penetrar en las capas exteriores de la piel (¡algo que no es nada bueno en combinación con otras sustancias químicas!). Son similares a las hormonas y pueden alterar el desarrollo normal de los niños y causar alergias, por lo cual se han prohibido en los juguetes infantiles de Estados Unidos y la Unión Europea.

Son fácilmente reconocibles en la etiqueta, ya que su nombre siempre contiene la palabra *ftalato*.

Flúor

Una pasta dentífrica con flúor no es la única forma de tener una sonrisa más blanca y limpia. De hecho, consumir demasiado flúor puede provocar la aparición de manchas marrones en los dientes. Si vives en una zona donde se añade flúor al agua, sería buena idea escoger una pasta de dientes con más ingredientes naturales.

El contenido en flúor se enumera en los ingredientes de todas las pastas dentífricas, como fluoruro de sodio o monofluorofosfato de sodio.

Formaldehído

Se trata de una sustancia química conservante que se añade a menudo a champús y desodorantes, y la encontramos en la mayor parte de los esmaltes de uñas. Está demostrado que es irritante para los ojos y los pulmones, y una exposición frecuente puede provocar algún tipo de reacción.

Es obligatorio que los productos de belleza que contienen formaldehído lleven una etiqueta que lo indique, así que es bastante sencillo evitar esta sustancia química.

28 ALTERNATIVAS NATURALES

Existen numerosos ingredientes cosméticos naturales, que son mucho menos tóxicos y funcionan tan bien como las alternativas químicas.

Busca estos ingredientes para que tu baño sea más ecológico.

Jabón natural

El jabón se inventó hace miles de años y se hacía con aceites naturales y sales alcalinas. Existen numerosos fabricantes, tanto nuevos como tradicionales, que fabrican jabón al estilo antiguo utilizando una amplia gama de perfumes naturales, como lavanda y aceites de frutas. Algunos de ellos huelen tan bien que dan ganas de comérselos.

Champús y jabones ecológicos

Los productos ecológicos de verdad tienen siempre un sello que los acredita como tales en la parte trasera de la etiqueta, no sólo un nombre extravagante, así que lee la etiqueta y comprueba que contienen ingredientes genuinamente ecológicos y elaborados a partir de plantas.

Pasta dentífrica sin flúor

Existen muchas pastas dentífricas en los comercios que, en vez de flúor, contienen compuestos antibacterianos y blanqueadores naturales muy eficaces. Prueba el bicarbonato de sodio (mi favorito), el aloe vera, el aceite de árbol de té o el anís si deseas dar algo de variedad a la pasta dentífrica.

Cera de abeja

Una alternativa estupenda a las ceras con base de petróleo para los bálsamos labiales o pintalabios.

NO PROBADO EN ANIMALES

Muchos cosméticos y artículos de perfumería siguen probándose automáticamente en animales, aunque haya unos diez mil ingredientes que ya se ha demostrado que son seguros para su uso cotidiano. En el caso de los ingredientes nuevos, existen numerosos métodos para probarlos que no implican infligir sufrimiento alguno a los animales, y a menudo son más precisos e incluso más baratos.

El Estándar de Cosméticos Humanitarios (HCS) es el certificado internacional para los cosméticos no probados en animales. Puedes encontrar una extensa lista de empresas con dicho sello en su página web (consulta los enlaces al final del presente libro si deseas más información).

29 REDUCE LOS ENVASES

Como la mayor parte de los productos de las tiendas tienen los mismos
ingredientes y funciones básicos, gran parte del valor de la marca
y del atractivo de los productos corporales se centra totalmente
en la forma de envasarlos.

Esto suele llevar a algunos excesos importantes, como una cantidad
diminuta de crema de ojos envasada en un tubo dentro de una caja
recubierta, a su vez, con un envoltorio de plástico que ocupa
más de 10 cm en el estante.

Pon tu granito de arena a la hora de combatir semejante despropósito
recompensando a aquellas empresas que no utilizan envases exagerados
y convirtiéndote en su cliente. Los mayores fabricantes de productos
de belleza ecológicos presentan sus productos en frascos de formas
y tamaños normales y confían en los ingredientes para hacerlos
atractivos. Muchos de los productos elaborados con ingredientes
naturales que encontramos en las herborísterías también cuentan
con el mínimo envoltorio.

REUTILIZA
LOS ENVASES 30

Otra buena manera de reducir la cantidad de envases y ahorrar dinero es pedir que te rellenen los frascos. Muchas tiendas de productos ecológicos y de salud ofrecen esta opción, tanto para los productos del hogar como para el champú, entre otros.

Otra opción es montar tu propio servicio de rellenado en casa comprando frascos muy grandes que puedas guardar en un armario, y utilizarlos para rellenar otros más pequeños para el uso diario. Comprar en grandes cantidades te resultará más económico, además de ser mejor para el planeta.

Hace poco me sorprendió descubrir cuántos mostradores de perfumería de los grandes almacenes de mi localidad ofrecen también un servicio de rellenado. Este sistema resulta más barato que comprar otro frasco de un perfume caro, y al mismo tiempo no despilfarra recursos.

3 MENOS AEROSOLES

Si hay algo que *desinventaría* serían sin duda alguna los aerosoles. Aunque hoy en día ya no contienen productos químicos que dañen la capa de ozono, el propulsor que hay en su interior (por lo general gas butano) sigue siendo un combustible fósil inflamable y bastante peligroso.

Los aerosoles son del todo inútiles, ya que no se me ocurre ninguna función para la cual sean esenciales. Para aquellas tareas en las que necesitas una ligera vaporización, los aerosoles son mucho menos fiables que un frasco dispensador, y para colmo suelen estropearse cuando en su interior todavía queda la mitad del producto y sin que puedas repararlos o utilizarlos.

Y, sin embargo, muchísimos productos de belleza y cuidado personal siguen vendiéndose en forma de aerosol. Intenta seguir estas alternativas para erradicar los aerosoles de tu rutina diaria:

• Utiliza desodorantes en barra o de bola. Otra opción realmente ecológica, sin sustancias químicas peligrosas, es probar una piedra o cristal desodorante. Se trata de un bloque de sal cristalina que contiene alumbre natural. A diferencia de los antitranspirantes con aluminio, no cierra los poros para evitar que sudes, sino que mata las bacterias de forma eficaz para que huelas bien todo el día, ¡y no deja marcas blancas!

• En el caso de los hombres, utilizad crema o jabón de afeitar y una brocha tradicional. Ambos son mejores para la piel que la espuma en aerosol, y sé de buena fuente que utilizar la brocha de afeitar es fabuloso.

• Utiliza laca para el cabello con frasco dispensador. Además, éstos son recargables, a diferencia de los aerosoles.

SALIR DE FORMA ECOLÓGICA

Lo que hacemos durante el tiempo libre representa una gran parte de nuestro consumo de electricidad total. Aproximadamente el 18% de las emisiones de dióxido de carbono se generan para ofrecernos oportunidades de divertirnos y, si incluimos la restauración, esta cantidad aumenta hasta el 31%.

Esto puede resultar sorprendente, ya que la mayoría de las cosas que hacemos en nuestro tiempo libre no implican de forma directa el consumo de combustibles fósiles, pero las actividades de fondo dedicadas a entretenernos hacen que realmente salgan las cuentas.

De hecho, muchas de ellas están relacionadas con el transporte, ya sea llevar la comida a los restaurantes o ir nosotros mismos a los multicines o a un parque temático.

En el famoso libro de Aldous Huxley *Un mundo feliz*, escrito en la década de 1930, se predice todo tipo de actividades de ocio que despilfarran recursos de forma innecesaria. Desde la «pelota centrífuga» (un juego de pelota mecanizado para niños) hasta los «Sensoramas» (cines táctiles de última tecnología), todo estaba diseñado para utilizar tantos recursos como fuera posible y mantener ocupada a la sociedad. Las autoridades están orgullosas de haber condicionado a las personas a amar los deportes en el campo, y velan «para que todos los deportes al aire libre entrañen el uso de aparatos complicados. Así, además de transporte, consumen artículos manufacturados».

En lo que respecta a nuestras actividades de ocio, hoy en día no estamos muy lejos de la visión de *Un mundo feliz*, ya que nos alejamos de las actividades naturales y en su lugar invertimos tiempo y dinero viajando a complejos de entretenimiento centralizados y del todo pasivos. Cambiar tan sólo algunas de estas despilfarradoras actividades por placeres más sencillos supondría una gran diferencia para el planeta.

32 UN COMENSAL MÁS ECOLÓGICO

Ya hemos estudiado cómo reducir el impacto de la comida en casa,
y los mismos principios de cocinar alimentos de la zona en la estación
adecuada deberían aplicarse también a los restaurantes. Cada vez abren
más establecimientos ecológicos y respetuosos con el medio ambiente,
pero suelen ser bastante exclusivos y difíciles de encontrar, de modo
que ayudar y animar a los restaurantes existentes a ser más ecológicos
es una estupenda forma de marcar la diferencia sin renunciar a nuestros
establecimientos favoritos.

Es posible que sea necesario animar muchísimo a los restaurantes:
los estudios demuestran que, incluso entre los hosteleros dispuestos
a adquirir más ingredientes de la zona, es difícil encontrar unos
proveedores fiables. Para un pequeño propietario, incluso una pequeña
cantidad de esfuerzo puede resultar un impedimento insalvable, a no
ser que sepa que le reportará beneficios a su negocio en otros sentidos.

Una objeción que pusieron algunos propietarios de restaurantes
al preguntárseles por qué no eran más ecológicos era que sus clientes
rara vez comentaban nada acerca del posible impacto medioambiental
de la comida y que, por tanto, pensaban que no les importaba. Así que,
¡lo más fácil es decirles que sí nos importa! Habla con el encargado
de tu restaurante favorito, pregúntale si no han pensado en ofrecer
más alimentos de la tierra y ecológicos, y tal vez te encuentres con que
ya se le había ocurrido y sólo necesitaba tus ánimos para dar el paso.

Para cualquier restaurante es importante la publicidad, así que no te
olvides de recordarles que ser ecológico es algo estupendo que pueden
poner en los folletos y en los anuncios del periódico para atraer

a nuevos clientes concienciados con el medio ambiente, y para que clientes como tú estén satisfechos.

Otra excelente sugerencia es que los restaurantes reduzcan el consumo de agua embotellada y sirvan agua del grifo en botellas de cristal reutilizables o en jarras.

En efecto, el agua embotellada representa un altísimo consumo energético al tener que transportarse de un lugar a otro y, además, suele presentarse en envases no biodegradables, lo cual causa aún más problemas. Es el sector de bebidas que más crece en el mundo, y sólo en el Reino Unido se beben trece millones de litros a la semana. No obstante, es innecesario, ya que el agua del grifo es mucho más ecológica e igual de sana.

33 OCIO MÁS ECOLÓGICO

En teoría, el tiempo libre debería convertirse en las horas más ecológicas que pasamos. ¿Qué podría ser menos perjudicial para el medio ambiente que dar un paseo por el parque o jugar a fútbol en el campo del barrio?

Si disfrutas tu tiempo libre regalándote los placeres más simples de vez en cuando, también reducirás tu impacto en el planeta.

Descubrirás que tu barrio ofrece montones de actividades que no implican grandes trayectos ni infraestructuras complicadas. Puedes ir a ver jugar a tu equipo de fútbol o baloncesto (o incluso hacerte miembro de él), dar un paseo hasta un bar con los amigos, respaldar a las compañías de teatro del vecindario que actúan en bares y recintos pequeños, montar en bici o apuntarte a una clase por la tarde para aprender algo nuevo; te lo pasarás bien, harás nuevos amigos y, además, reducirás las emisiones de dióxido de carbono.

OCASIONES ESPECIALES

Desperdigados por el calendario encontramos días especialmente adecuados para las celebraciones. Desde la Navidad, la Semana Santa o San Valentín, Halloween y, por supuesto, los cumpleaños, cualquier excusa es buena para organizar fiestas y hacerse regalos.

Durante años, las festividades religiosas tradicionales, como la Navidad, han ido evolucionando desde una sencilla comida o desplazamiento a la iglesia a varias semanas de fiestas y compras sin fin. Si eres ecologista, puede resultarte difícil conseguir que estas celebraciones sean menos perjudiciales para el medio ambiente: ¿quién quiere aguar la fiesta comprobando lo que es ecológico y lo que no?

No obstante, ser más ecológicos y seguir pasándolo estupendamente es posible. La clave está en realizar unos pequeños cambios que no arruinen la diversión, sino que la aumenten.

34 CONSEJOS PARA LAS FIESTAS

Las fiestas familiares, como la Navidad, son beneficiosas para el planeta en muchos aspectos. Por una vez, nos reunimos con los amigos y la familia en una misma casa y compartimos tareas como la de cocinar y comer durante unos días, de forma que reducimos considerablemente nuestro consumo energético individual.

Sin embargo, las fiestas tradicionales pueden convertirse fácilmente en una época de excesos innecesarios, así que sigue estos consejos para vivirlas de una forma más ecológica:

• Para la comida principal, compra carne ecológica de granja procedente de un proveedor local. La cría ecológica de animales supone un menor consumo de recursos, entre ellos electricidad, agua y pesticidas, y la carne tiene mucho mejor sabor: ni te darás cuenta y ya estarás aprovechando las sobras.

• Asegúrate de que el resto del menú está compuesto por alimentos de la tierra, y recuerda también convertir en abono las cáscaras, así como reciclar las botellas y demás envases.

• Para las luces decorativas, escoge LED (diodos emisores de luz). Consumen mucha menos energía que las bombillas tradicionales, no se recalientan tanto, duran años y años sin tener que cambiarlos, y también están disponibles en preciosas combinaciones de colores.

• Para Pascua, compra chocolate ecológico de comercio justo para tus amigos y familia. A menudo es mucho más apetitoso y «elegante» que las marcas normales. Resulta más caro, pero recibir una cantidad menor no es problema cuando está tan bueno.

Cuando las fiestas hayan terminado, ¿por qué no quemar esa comida y bebida de más en un «gimnasio verde»? Existen numerosos proyectos de conservación en muchos lugares, donde puedes hacer ejercicio y colaborar de forma activa en una campaña al aire libre en beneficio de la comunidad.

35 CELEBRAR FIESTAS

Ya estés celebrando tu cumpleaños, un nuevo empleo, haber aprobado un examen, el traslado a una nueva casa o la victoria en un partido de fútbol, la mayoría de las fiestas suelen ser menos elaboradas y llenas de tradiciones que las festividades de toda la vida, como la Navidad.

De hecho, por lo general, lo único que se necesita para organizar una fiesta es un puñado de amigos y algunas bebidas. Siempre que después recicles las botellas, no existen problemas ecológicos al respecto.

Sin embargo, las fiestas más organizadas suelen tener un mayor impacto sobre el medio ambiente. Si se ha llegado al extremo de transportar en avión esculturas de hielo desde Alaska, es que algo no va bien.

La mayor parte de nuestras fiestas se encuentran en un punto intermedio entre estos dos extremos. Aquí tienes algunas formas sencillas de que sean ecológicas:

• Compra bebidas ecológicas y productos de la tierra para el picoteo.

• Decora con materiales sencillos y, a poder ser, reciclados, en lugar de gastarte una fortuna en decoraciones de plástico y metal que acabarán en la basura.

• Después de la fiesta, recíclalo todo, sobre todo las botellas.

• No utilices platos, vasos y cubiertos desechables. La mayoría de las tiendas de vinos te prestarán vasos sin coste alguno si vas a celebrar una fiesta y les compras las bebidas. Si para comer sirves bocaditos, te puedes ahorrar los platos.

• Si vas a contratar un espectáculo, cada vez son más comunes los sistemas de sonido, pinchadiscos y bandas que utilizan energía solar. ¡Sí, ya sé que la mayor parte de las fiestas son por la noche! Estas compañías recargan los equipos durante el día antes de llegar al evento.

36 CUMPLEAÑOS ECOLÓGICO

El cumpleaños sólo se celebra una vez al año, y convertirlo en una ocasión especial para tu hijo es muy importante. No obstante, ya sea una salida con sus amigos o una fiesta en casa, es fácil hacer que el día sea más ecológico y divertido para todo el mundo. Por otro lado, también es una forma estupenda de que tu hijo y sus amigos se familiaricen con actividades de ocio más ecológicas cerca de casa.

Para una excursión especial de la que los niños hablarán durante años, ¿por qué no ir a una reserva natural cercana? Existen parques y reservas naturales adaptados para visitas escolares, y muchos ofrecen también fiestas de cumpleaños para niños. Éstas incluyen actividades como búsquedas del tesoro, juegos en el bosque e incluso chapuzones en lagos y estanques.

Mezclar educación y diversión a menudo constituye un reto, pero este tipo de experiencia al aire libre en la que los niños pueden corretear y ensuciarse lo consigue a la perfección. Con la ayuda de otros padres, también podrías organizar tu propia jornada de actividades naturales en la playa o en un bosque o parque de los alrededores.

Para una fiesta en casa, los juegos clásicos como «pasarse la bola» (utilizando papel de envolver reciclado de Navidad o de un cumpleaños reciente) y las «sillas musicales» son los mejores, y no necesitan de accesorios caros ni de electricidad para ser divertidísimos.

Cuando prepares la comida para una fiesta infantil, olvídate
de los aperitivos dulces (¡hasta llegar al pastel de cumpleaños final!)
y evita productos con colorantes y otros aditivos, ya que pueden
excitar sobremanera a niños sensibles a ellos y, en cualquier caso,
no es buena idea cuando ya se lo están pasando bien.

No caigas en el error de rellenar bolsas de plástico con muchas golosinas
y juguetes de plástico para que los niños se las puedan llevar. Es fácil
confeccionar bolsas recicladas muy divertidas con cinta adhesiva
y páginas de tebeos. Además de una porción de pastel, pon en su interior
bocaditos de frutas en lugar de caramelos, y también juguetes de madera
no tóxicos o regalos creativos, como, por ejemplo, lápices de colores.

Para la decoración, me resulta muy difícil oponerme a los globos
(incluso el Partido Verde los utiliza de vez en cuando), pero si quieres
ser realmente ecológico, utiliza en su lugar serpentinas o banderitas.

BODAS SIN RESIDUOS

Las bodas son ocasiones muy especiales, y siempre nos esforzamos mucho porque todo salga perfecto en ese día.

Igual que la Navidad, las bodas solían ser algo más sencillo. Sólo hay que pensar en la escena de la boda al final de la famosa adaptación de la BBC del clásico de Jane Austen *Orgullo y prejuicio*. A pesar de que la quisquillosa Sra. Bennett era la encargada de organizar la ceremonia, casi no hay molestias, ni un arduo proceso de planificación de tres años, y las dos parejas de enamorados simplemente se van en carruaje al terminar la boda.

Con los años, hemos ido añadiendo más aderezos a la boda «tradicional», que no son precisamente esenciales para la celebración del amor y el compromiso de dos personas ante su familia y amigos.

Organizar una boda moderna, con despedidas de soltero, cenas de ensayo, almuerzos previos a la boda y fiestas por la noche, tras la ceremonia, suele comportar mucha tensión y numerosos gastos, así como aumentar el impacto que tiene la boda en el planeta. No obstante, por suerte muchas personas ecologistas también se casan e inventan alternativas creativas y no perjudiciales para el medio ambiente, lo que sin duda contribuye a que cada vez haya un mayor número de proveedores ecológicos.

Sigue los siguientes consejos si deseas celebrar una boda que no dispare las emisiones de dióxido de carbono.

37 ESCOGE ORO DEL BUENO

Todas las bodas necesitan como mínimo un anillo de oro para
simbolizar la unión de la pareja. Sin embargo, como el oro es escaso,
incluso en las minas de mejor calidad extraer este metal precioso tiene
un gran impacto en el medio ambiente.

El oro de un anillo de boda puede generar hasta veinte toneladas
de residuos. Las empresas mineras poco responsables presentes en
zonas ricas en oro suelen provocar una gran contaminación del
agua y el suelo al dejar que los productos químicos utilizados para
extraer y purificar el oro, entre ellos el cianuro y el mercurio, lleguen
hasta el medio ambiente.

La respuesta más sencilla consiste en utilizar anillos antiguos o de segunda
mano. Éstos suelen ser únicos o encierran una historia, lo cual aumenta
el romanticismo de la ocasión.

Otra opción es comprar anillos nuevos a un joyero que sólo utilice
oro reciclado en lugar de metal recién extraído. De cualquier modo,
el oro no suele tirarse debido a su enorme valor, y más o menos el
20 % del oro del mercado ya proviene de metal recuperado o pequeños
trozos reutilizados. No obstante, suele mezclarse con oro nuevo
y no hay forma de saber de dónde proviene o cómo se extrajo.

Los joyeros ecológicos son cada vez más numerosos y están dando con nuevas maneras de asegurarse de que el material que utilizan es ético, como reutilizar antiguas partes de ordenadores o diseñar sortijas a medida a partir de antiguas joyas proporcionadas por el propio cliente.

Para los anillos de compromiso, es importante asegurarse de que los diamantes no proceden de regiones en conflicto. Escoge piedras preciosas certificadas por el Sistema de Certificación del Proceso de Kimberley (Kimberley Process Certification Scheme).

38 UN VESTIDO ECOLÓGICO

Los vestidos de boda suelen ser de buenísima calidad y estar fabricados con materiales muy bonitos, pero sólo se llevan una vez, con lo cual un vestido de segunda mano es una forma estupenda de ahorrar recursos a la hora de planear tu boda sin comprometer por ello la calidad. Puedes escoger vestidos de diseño exclusivo por una parte de su precio original, y con el dinero sobrante contratar a un modisto para que lo arregle y así te quede como un guante.

Hay muchísimos proveedores de vestidos *vintage* y de segunda mano. En la mayoría de las ciudades puedes encontrar comercios y agencias de intercambio de vestidos de diseño, y en Internet hay varios sitios especializados que ponen en contacto a compradores y vendedores.

Si no encuentras el vestido de segunda mano perfecto, comprar un vestido nuevo también puede ser ecológico. Algunos diseñadores están especializados en materiales ecológicos, y la mayor parte de los modistos te ayudarán si quieres encontrar tejidos más respetuosos con el medio ambiente.

Consulta al final del presente libro algunos lugares útiles donde buscar vestidos de boda más ecológicos.

Además, para un conjunto de despedida o de noche, ¿por qué no darte el lujo de un traje de diseño *vintage* o un vestido de cóctel? ¿Qué mejor excusa para parecerte a Audrey Hepburn por un día?

EL LUGAR DE LA BODA 39

Hoy en día ya no hay que escoger entre la iglesia o el juzgado. Existen cientos de recintos con licencia para la celebración de bodas, desde granjas hasta castillos.

Combinar los lugares de la boda y la recepción te ahorra tener que transportar a los invitados de un sitio a otro. Además, si el emplazamiento también proporciona alojamiento, todo puede estar en el mismo lugar, lo cual reduce la cantidad de organización necesaria y hace que el día sea menos estresante para todo el mundo.

Asegúrate de que los platos del banquete se hayan preparado con productos de la tierra (si utilizas una granja ecológica como recinto puedes reducir aún más los trayectos que debe recorrer la comida), y compra cava, vino y bebidas ecológicos. Hay quien dice que el vino ecológico provoca menos resaca, aunque ¡eso aún no lo he comprobado!

40 INVITACIONES ON-LINE

Es difícil no incluir una bonita invitación de boda en los preparativos de la ceremonia, pero si la mayoría de los invitados son jóvenes, una invitación *on-line* podría ser una alternativa creativa.

Si quieres una invitación más tradicional, existen numerosas opciones ecológicas, ya que los artistas y diseñadores crean invitaciones hechas a mano con cualquier material, desde el cáñamo hasta el abono ovino. Si no quieres experimentar con materiales ecológicos exóticos, las empresas de artículos de papelería ofrecen en la actualidad la opción de imprimir las invitaciones, las tarjetas con la dirección de la ceremonia religiosa y las indicaciones de los asientos en papel reciclado.

En lugar de enviar a todos tus invitados un grueso sobre repleto de mapas, listas de bodas y demás informaciones, ¿por qué no creas una página web? No necesitas tener grandes conocimientos técnicos para hacerlo. Resulta muy sencillo crear una plantilla de *blog* con colores típicos de boda, y sin duda es una forma estupenda de mantener a la gente informada en todo momento.

Después de la boda, ese mismo sitio también puede utilizarse para colgar agradecimientos y fotografías.

LISTA DE BODA ECOLÓGICA 41

Crear una lista de boda también es el momento ideal para introducir con total naturalidad a tu familia y amigos en el apasionante mundo de las compras ecológicas.

La mayor parte de las personas que se casan no empiezan a vivir juntas en ese mismo momento, así que si ya dispones de todos los muebles y artículos del hogar tal vez quieras pedir a la gente que realice un donativo a tu organización benéfica favorita en lugar de comprar montones de cosas nuevas.

Muchos escogen listas híbridas, con una lista en una organización benéfica y otra en un establecimiento comercial. Así, tus invitados pueden escoger, tú recibes cosas que necesitas y el planeta y las personas menos afortunadas también obtienen un beneficio.

Consulta los enlaces en la parte final del presente libro para descubrir lugares donde ofrecen listas de boda éticas y ecológicas.

REGALOS MÁS ECOLÓGICOS

He descubierto que la mayoría de mis dilemas a la hora de comprar tienen
lugar en Navidad y para los cumpleaños. Mi familia suele estar en la categoría
de receptores de regalos de «no tendrías que haberte molestado», y ya tienen
la casa repleta de cosas. Así, supone un gran reto para mí regalarles algo que
resulte útil y ecológico a la vez.

Incluso el ecologista empedernido menos materialista se podría enfrentar al mismo
problema. Hacer regalos en momentos especiales es una tradición que no deberíamos
perder, pero, si es de un modo más ecológico, podemos mantener a raya el consumismo
y marcar la diferencia.

Desde regalos benéficos a «experiencias» inmateriales, existen montones de
alternativas con un impacto medioambiental muy reducido. Además, los regalos
constituyen una manera estupenda de dar a conocer a los amigos y la familia
un producto ecológico que de otra forma tal vez nunca hubieran probado. Nunca
se sabe, tal vez los conviertas para siempre.

42 REGALOS SOLIDARIOS

Una de las mejores ideas que he encontrado recientemente
son los regalos «solidarios». Con esto no me refiero a los productos
de comercio justo (aunque también están muy bien), sino al tipo de
regalo en el cual das dinero a una asociación benéfica para que
se traduzca en algo concreto en la causa que defienden.

La ONG Intermón-Oxfam fue la primera en aplicar esta idea con
su programa de regalos «abiertos», y a día de hoy siguen disponiendo
de una de las mejores selecciones. Según el regalo que escojas, envían
una tarjeta al receptor que informa sobre lo que se conseguirá con
tu donativo, y suele ir acompañada de una bonita fotografía de una
cabra, una granja, comedores de escuela, etc.

Existen muchísimas cosas para escoger entre numerosas organizaciones
benéficas. Éstos son sólo algunos ejemplos:

- Libros escolares
- Una vaca o una cabra para un granjero pobre
- Plantación de un nuevo seto
- Lecciones de música para niños desfavorecidos cerca de casa
- Formación sobre los derechos de los trabajadores para las mujeres
  de las fábricas
- Una colmena
- Un refugio para emergencias graves

Descubre una amplia gama de opciones de regalos benéficos en la parte
final del presente libro.

REGALOS DIFERENTES 43

A aquellas personas que ya tienen la casa abarrotada de cosas, ¿por qué no les regalas algo inmaterial que no tenga un enorme impacto sobre el medio ambiente y no tengas que envolver en montones de papel?

Para este tipo de regalos, no tienes por qué limitarte a tiendas y servicios con vales o bonos preestablecidos. Confeccionar tus propios vales a medida haciendo gala de tus habilidades artísticas o con el ordenador puede darle un toque personal y ofrecerte millones de posibilidades nuevas.

Además, para aquellas actividades que no estén cerca, ¡no te olvides de adquirir también un billete de tren!

Algunas propuestas:

- Entradas para ir al teatro
- Un viaje para ver al grupo o equipo de fútbol favorito
- Cena en un restaurante de la localidad
- Visita a una galería o museo de arte
- Vale para un masaje o una sesión de aromaterapia
- Ofrecimiento de cuidar el jardín o planchar la ropa durante una semana

44 APARATOS ECOLÓGICOS

Algunos aparatos son realmente útiles o educativos, y permiten ahorrar energía o bien despiertan un interés todavía desconocido por las cuestiones de la ecología.

Para los amantes de la tecnología, mi aparato favorito es un contador que registra la electricidad consumida en el hogar (algunas de las marcas que lo fabrican son Electrisave y Efergy).

Con uno de estos aparatos, ahorrar energía se convierte en una tarea realmente divertida, ya que puedes pasearte por la casa comprobando el impacto energético de cada electrodoméstico. También es un estupendo recordatorio de que debes apagar los aparatos al terminar el día. No parece que la gente se canse de este artilugio, ya que se ha demostrado que la gente que lo tiene ahorra hasta un 25 % en la factura de la luz.

Otra opción práctica son las bolas ecológicas para la lavadora. Las comercializan varias marcas distintas, y están disponibles en la mayoría de las tiendas ecológicas *on-line* y en algunos comercios minoristas.

Actúan inyectando moléculas en el agua que ayudan a eliminar la suciedad sin los productos químicos que suelen utilizarse en el detergente. No me preguntes la explicación científica detallada (hay que rellenarlas cuando pasan cientos de lavados, así que algo debe de pasar en su interior), pero funcionan de maravilla y te ahorran una fortuna en los gastos de lavado.

Éstos son regalos estupendos, ya que la gente no suele probarlos por iniciativa propia, pero, una vez que los tienen, no tardan en convencerse de su utilidad.

ARTÍCULOS ÚTILES 45

Hay cosas que todos necesitamos, así que regalarlas no es signo de consumismo enloquecido y tampoco es muy probable que tus seres queridos las consideren trastos inútiles.

Aunque no son tan apasionantes como los aparatos ecológicos, a casi todo el mundo le encantaría que le regalasen estos artículos tan esenciales:

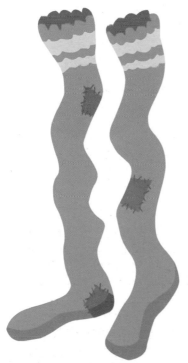

• Toallas confeccionadas con tejidos ecológicos, como el cáñamo o el algodón.

• Artículos de escritorio reciclados, como lápices, bolígrafos y libretas.

• Calcetines confeccionados con tejidos ecológicos suaves y transpirables.

• Café y té de comercio justo (y también chocolate, ¡aunque no sea algo imprescindible!).

• Mermeladas y salsas ecológicas de comercios y mercados de la zona (además, suelen estar envasadas con mucho gusto).

BEBÉS «ECOLÓGICOS»

Son muchas las cosas que hay que preparar cuando un bebé está en camino. Teniendo en cuenta lo pequeños que son y lo sencillas que son sus necesidades, es increíble a lo que pueden llegar unos futuros padres en pleno frenesí consumista, algo que por otro lado les cuesta una fortuna, además de añadir estrés al nacimiento en sí.

Los bebés crecen sorprendentemente rápido, así que muchas de esas compras sólo se utilizarán unas pocas veces antes de que el pequeño sea demasiado grande para ellas.

Aunque es importante controlar el impacto en el medio ambiente de tu nueva familia, otra preocupación fundamental para los padres radica en alejar a los niños de productos químicos y otros ingredientes tóxicos presentes en la comida, la ropa y los juguetes.

Tener un bebé de un modo más ecológico no tiene por qué ser complicado. Aquí encontrarás montones de consejos útiles para crear un mundo no tóxico y con poco impacto en el medio ambiente para tu hijo.

46 ALIMENTOS ECOLÓGICOS

Durante los primeros meses, o bien amamantarás al bebé (es la mejor opción, y además es gratis), o le darás un preparado para lactantes. Si utilizas esta última opción, decántate por productos ecológicos y evita aquellas marcas que se comercialicen en los países en vías de desarrollo, donde el suministro de agua poco saludable hace que dar el pecho al bebé sea la opción más segura con diferencia.

Cuando el niño empiece a ingerir alimentos de verdad, puede resultar tentador recurrir a los frascos de comida prefabricada. Existen muchas marcas ecológicas en el mercado (hoy en día, alrededor de la mitad de las ventas de alimentos infantiles corresponden a productos ecológicos), pero esto también resulta caro y supone muchos tarros para reciclar.

Si le preparas a tu pequeño comidas a partir de ingredientes de verdad, frescos y variados, sabrás lo que le das y te ahorrarás más dinero, además de generar menos residuos.

El congelador es un lugar estupendo para crear un almacén de alimentos infantiles bien surtido. Prepara una serie de platos por tandas y congélalos en bandejas para cubitos de hielo o en pequeños recipientes de plástico aptos para uso alimentario. Así, en la hora de las comidas se trata tan sólo de escoger algo del congelador, descongelarlo y calentarlo.

47 ROPA DE BAJO IMPACTO

También es tentador vestir a tu monísimo bebé con la ropa del diseñador más moderno, pero a la velocidad que crecen los niños no podrás ponerle muchas veces un mismo conjunto antes de que se le quede pequeño.

Si todos comprásemos un surtido completo de ropa nueva de bebé y después los tirásemos, se desperdiciarían muchísimos artículos de buena calidad. No obstante, por suerte hay mucha gente que ya ha pasado por esta situación, de forma que existen numerosos lugares donde encontrar preciosa ropa de bebé de segunda mano.

Yo estoy muy orgullosa de las prendas heredadas que llevo en las fotografías de cuando era niña, desde bonitos vestidos estampados a un fantástico mono acampanado de la década de 1970 que no me quité hasta que ya no me valía.

Si no tienes amigos con los armarios repletos de clásicos que se hayan quedado pequeños, las páginas web de artículos reutilizados, como Segundamano, son lugares estupendos para encontrar ropa infantil.

Para artículos nuevos, lo importante es que los tejidos no contengan sustancias químicas tóxicas. El algodón ecológico y el cáñamo tienen poco impacto en el planeta y son estupendos para la piel sensible de los bebés. La ropa infantil de bambú es muy duradera y cada vez más popular.

Consulta en la sección final lugares para comprar ropa infantil natural.

A la hora de lavar la ropa infantil (y los pañales), es incluso más importante utilizar un detergente suave y ecológico.

LAVA A TU BEBÉ 48

La piel de los niños es fina y suave, por lo que es muy sensible a las sustancias químicas presentes en los jabones, cremas y demás productos de limpieza personal.

Evita los jabones y champús con perfumes elaborados con derivados petroquímicos y decántate en su lugar por versiones biodegradables de origen vegetal. Éstas son más agradables para la piel y se descomponen con más facilidad en el medio ambiente, de forma que son menos contaminantes.

Prueba simplemente el aceite de oliva para suavizar la piel en lugar de loción infantil perfumada, y utiliza toallitas limpiadoras sin perfumes o glicol de propileno (un ingrediente derivado del petróleo utilizado en el anticongelante).

49 PAÑALES REUTILIZABLES

Los pañales constituyen un problema fundamental para los padres con inquietudes ecologistas, simplemente por las muchísimas veces que hay que cambiar al bebé durante los primeros días.

Desde que nace hasta que aprende a ir al baño, un bebé gasta más de cinco mil pañales. En el Reino Unido, nueve millones de pañales desechables van a parar a los vertederos cada día. En Estados Unidos la cifra total asciende a 49 millones, y el problema es que cada pañal tarda cientos de años en descomponerse del todo.

Los pañales lavables han cambiado mucho desde que yo era pequeña, y una vez más están ganando popularidad. Hoy en día puedes adquirir pañales de este tipo en los supermercados importantes.

De hecho, no tienes por qué tener miedo a los pañales lavables. Con los diseños, forros y revestimientos modernos, los escapes son incluso menos frecuentes que en los desechables, y no tienen imperdibles de seguridad.

Los beneficios medioambientales son dobles: un menor uso de recursos y el ahorro de energía.

Lo mejor de todo es la reducción de los residuos generados. Utilizar pañales reutilizables supone eliminar casi por completo el impacto de los desechables en los vertederos. El ahorro energético no es tan espectacular, ya que deben lavarse a menudo. Sin embargo, un estudio comparativo entre la energía consumida al hervir los pañales y la consumida para fabricar los desechables necesarios durante los primeros años del niño demuestra que se consigue un pequeño ahorro energético.

En la vida real, puedes despilfarrar mucho menos no hirviendo los pañales: con el agua a 60 °C es suficiente.

Puedes ahorrar todavía más energía si utilizas un servicio de lavandería para pañales, existente en la mayor parte de las ciudades y, como también te ahorran trabajo, son muy útiles.

Cuando pienses en una guardería para tu bebé, elige las que usan pañales reutilizables.

Pide consejo acerca de los pañales reutilizables a personas que ya los hayan utilizado y pruébalos antes de comprarte un paquete completo.

En resumen, los pañales reutilizables son más ecológicos y mucho más baratos que los desechables, ya que, si lo consideramos desde el nacimiento hasta que el niño aprende a ir al baño, acaban costando menos de la mitad.

Desechables más ecológicos

A muchos padres ecologistas les resulta adecuado combinar pañales reutilizables y desechables, y de hecho la mayoría de las personas que utilizan los primeros compran desechables para ciertas ocasiones.

Durante un viaje en el cual es necesario cambiar al pequeño muchas veces, suele resultar muy útil disponer de pañales desechables más ecológicos para no tener que cargar con los pañales sucios hasta que vuelves a casa.

Los pañales desechables ecológicos son más biodegradables y están fabricados con materiales naturales, sin productos químicos, como desodorantes y lejía. Además, se aumenta la absorbencia con materiales naturales como la maicena en lugar de gel sintético.

Puedes encontrar más información sobre los pañales reutilizables y los desechables más ecológicos en la sección que aparece al final del libro.

50 COSAS DE NIÑOS

Aunque intentes comprar el mínimo de cosas relacionadas con el bebé, tu lista de la compra se llenará de aparatos, muebles y otros elementos necesarios para que tu pequeño se sienta a gusto en casa.

La mayor parte de estos artículos están fabricados para durar, pero sólo se utilizan durante un par de meses, así que comprarlos de segunda mano o intercambiarlos con los amigos son estupendas opciones para ahorrar dinero y recursos. Y cuando a tu pequeño se le hayan quedado pequeños, no te olvides de pasárselos a la siguiente pareja de padres hastiados de las compras.

Los únicos artículos que no deberías comprar de segunda mano son los asientos de seguridad para el coche y los colchones. Todo lo demás puede reciclarse varias veces.

Los diseñadores se están poniendo al día en lo que respecta a los accesorios ecológicos para bebé y actualmente puedes encontrar artículos multiusos: una cuna que se convierte en cama o una mesa cambiadora transformable en mesa para hacer manualidades.

En cuanto a los juguetes para niños muy pequeños, es mejor comprarlos nuevos y no tóxicos: en la actualidad disponemos de una amplia gama de juguetes de madera naturales y ositos de peluche ecológicos.

A medida que crecen y empiezan a romperlo todo, los juguetes
de segunda mano suelen resultar muy rentables. Puedes adquirir
por poquísimo dinero enormes cantidades de ladrillos de plástico
en tiendas que vendan artículos de segunda mano con fines benéficos
o en Internet, y después de un buen lavado están como nuevos.
Mi sobrino tiene con diferencia el circuito de carreras más largo
del vecindario gracias a una combinación de partes nuevas y una amplia
colección de tramos de circuito antiguos procedentes de nuestra
buhardilla (también eran de segunda mano cuando los compramos).

Los plásticos suelen fabricarse con petróleo y otras sustancias
químicas. Cuando son nuevos, «desprenden» algunas de
estas sustancias durante varios meses, así que los juguetes
de segunda mano también suponen un menor riesgo para la salud.

MÁS INFORMACIÓN, CONSEJOS Y TIENDAS

Piensa localmente

Encontrarás los mejores comercios de la localidad dejando de lado el ordenador y explorando el barrio para encontrar los tesoros ocultos. Así puedes localizar comercios especializados de comida y bebidas ecológicas.

También procura encontrar un mercado agrícola en las proximidades de tu domicilio.

Conéctate

Ebay: subastas *on-line* para vender y comprar gangas de segunda mano. www.ebay.es

Segundamano: busca artículos que te interesen y regístrate para encontrar un buen hogar para aquello que ya no quieres. www.segundamano.es

Cash Converters España: cadena de tiendas de segunda mano con sucursales en todo el territorio. www.cash-converters.es

Loquo: puedes comprar y vender gran diversidad de artículos desde su web: www.loquo.com > compra-venta

Catálogo de productos reciclados: para conocer los productos existentes y donde adquirirlos.
www.arc-cat.net/es > CCR > Bases de datos consultables > Catálogo de productos reciclados

Tienda Greenpeace.
www.tienda.greenpeace.es

Intermón Oxfam.
www.intermonoxfam.org > Comercio justo > Listado de tiendas

Consumo Responsable: puedes consultar los criterios ambientales, así como los criterios éticos y sociales para un consumo responsable.
www.consumoresponsable.org > Criterios

Para impulsar el consumo responsable de madera, papel y corcho, WWF/Adena coordina la Red Ibérica de Comercio Forestal. Empresas participantes en la RibCF en España:
Red Biotectura: bioconstructores
www.biotectura.com

Puertas Puig Oliver.
www.luvipol.com

Fundación Copade: ONG de cooperación y distribución de productos de Comercio Justo y FSC.
www.copade.org
www.maderajusta.org

Benito, Sistemas de Carpintería: fabricantes de ventanas de madera.
www.benito-sdc.es

Comprar desde casa

Encuentra ferias de antigüedades y casas de subastas en España en:
www.all-sa.com

Babia: mobiliario *vintage* y accesorios.
www.babia.info

Agroterra: gran variedad de productos.
www.agroterra.com > Mercado agrario > Productos ecológicos

Terra.org: a través de su web podrás adquirir productos de limpieza ecológicos, utilizando el buscador en su página principal.
www.terra.org

Segundamano: busca artículos que te interesen y regístrate para encontrar un buen hogar para aquello que ya no quieres.
www.segundamano.es

Loquo: puedes comprar y vender gran diversidad de artículos desde su web: www.loquo.com > compra-venta

Tienda Greenpeace
www.tienda.greenpeace.es

Vestirse de forma ecológica

En Mercamoda puedes comprar y vender ropa usada y complementos.
www.mercamoda.es

Tam-Tam: tienda de artesanía y ropa de segunda mano.
www.trueta.cat/n188.html

Comercio Justo.
www.comerciojusto.com

Cosas de Moda.
www.cosasdemoda.es/tiendas-vintage-madrid > Vintage shop

Made in Green: tejidos ecológicos.
www.madeingreen.com/es/ser.html

Salud y belleza ecológicas

Encuentra muchísimos productos naturales en las tiendas de comida sana de tu localidad.

Para cosméticos no probados en animales (a menudo ecológicos), consulta la lista de empresas acreditadas en la página web de la Coalición Europea para la Abolición de los Experimentos con Animales.
www.eceae.org

Buenas Manos: proporciona amplia información sobre alimentos naturales y sus propiedades.
www.enbuenasmanos.com > Nutrición

Ecorganic: agricultura ecológica, venta de productos naturales y alimentos biológicos.
www.ecorganicweb.com

Cultivos hortícolas Recapte: ofrece gran variedad de productos elaborados sin utilizar elementos químicos.
www.recapte.com

Agroterra: gran variedad de productos.
www.agroterra.com > Mercado agrario > Productos ecológicos

A través de las siguientes webs puedes también adquirir productos naturales:
www.Ecoveritas.es
www.terra.org/html/s/producto
www.directnaranjas.com
www.tiendadefruta.es
www.freshandeasy.es

La tiendas de productos de cosmética y línea de baño The Body Shop, ecológicos y no testados en animales, están presentes en muchas localidades, procura encontrar una cercana. Puedes conocer sus productos a través de la web.
www.thebodyshop.com > change country > España

Algunas tiendas *on-line* de productos de cosmética y baño naturales:
www.cosmeticanatural.com
www.fitobelleza.com
www.naturherbal.com
www.laboutiquedelaloe.com

Salir de forma ecológica

Restaurantes Vegetarianos: en esta web encontrarás una completa base de datos que puedes consultar por provincias.
www.restaurantesvegetarianos.es

Bodas sin residuos

Kimberley Process certifica que los diamantes proceden de regiones donde no hay conflictos.
www.kimberleyprocess.com

Puedes encontrar vestidos sin usar o usados una sola vez en:
www.mercamoda.es/segunda-mano/vestidos-boda

Proveedores de bebidas ecológicas

Delaterra: productos lácteos, refrescos, vinos y cavas, zumos, bebidas vegetales.
http://delaterra.net > La Tienda

Monsoy: licuados vegetales ecológicos.
www.liquats.com/monsoy.htm

Vinos ecológicos.
www.productosdelmoncayo.com
www.lezaun.com

Agroterra.
www.agroterra.com > Mercado agrario > Productos ecológicos > Vinos

Regalos más ecológicos

Joguina Segura: juguetes, consumo responsable. Información sobre el consumo sostenible de juguetes y consejos para adquirir hábitos más favorables para la conservación y protección del medio ambiente.
www.joguinasegura.coop

Alta Promoción: regalos.
www.altapromocion.es/ > buscador: artículos ecológicos

Verde Menta.
www.verdementa.es > selección de regalos > lo más ecológico

Regalos solidarios

Intermón Oxfam.
www.intermonoxfam.org > Tienda electrónica

Tienda Benéfica de SocialBid Moda y más, con fines solidarios.
stores.ebay.es/SocialBid

Bebés «ecológicos»

Renacuajos: pañales desechables ecológicos y gran variedad de pañales de tela reutilizables.
http://renacuajos.com

Crianza Natural: pañales de tela reutilizables, pañales desechables ecológicos, pantalones de aprendizaje desechables, ropa ecológica.
www.crianzanatural.com

Segundamano: web para comprar y vender. En ella encontrarás muchos artículos para bebé.
www.segundamano.es

En Mercamoda puedes comprar y vender ropa usada y otros artículos de bebé.
www.mercamoda.es/segunda-mano/ropa-bebe

[2]